Clemens Meyer

Gewalten
Ein Tagebuch

S. Fischer

Clemens Meyer wurde während des Jahres 2009
für dieses Werk von der Guntram und Irene Rinke Stiftung
im Rahmen des Projektes »TAGEWERK-Reihe« unterstützt.

© S. Fischer Verlag GmbH, Frankfurt am Main 2010
Satz: Fotosatz Amann, Aichstetten
Druck und Bindung: GGP Media GmbH, Pößneck
Printed in Germany
ISBN 978-3-10-048603-5

Gewalten

Ich hänge. Meine Beine sind vom Körper abgespreizt, an der Wand fixiert. Meine Arme sind vom Körper abgespreizt, an der Wand fixiert. Ich kann meinen Kopf bewegen, sehe Manschetten aus Plastik und festem Stoff, die meine Unterarme umschließen. Ich streiche mit den Fingerspitzen über die Wand, die sich seltsam weich anfühlt. Meine Brille ist weg, und ich drehe meinen Kopf, sehe den Raum um mich herum verschwommen, Neonröhren an der Wand gegenüber strahlen mich an, eine flackert, und in dem Flackern des Lichts dreht sich das Bild ganz langsam, ich sehe mich, wie ist das möglich?, wie ich da so an der kippenden Wand hänge, das Bild dreht sich, plötzlich die Neonröhren unter mir, ich spüre, wie mich diese Manschetten an Armen und Beinen halten und mein Kopf nach vorne fällt und an meinem Hals, der sehr lang ist, in den Raum baumelt, mir ist wie Kotzen, und ich drehe mich mit dem Bild und dem Raum, und ich liege, bin auf ein großes Bett geschnallt, Arme und Beine vom Körper abgespreizt, fixiert.

Ich sehe, wie ich da so liege auf dem Bett, sehe das von weit entfernt, werde immer kleiner, als ob die Decke dieses

Raumes sich nach oben verschiebt, immer weiter hinauf in diesen Himmel im Dezember, das weiß ich noch, 30. Dezember auf den 31. Dezember, Jahr 2008.

So klein bin ich da unten und weiß nicht, wie ich da hingekommen bin, ein Flackern in meinem Kopf, ich will mich nicht alleinlassen in diesem weißen Raum auf dem weißen Bett, ich muss doch frieren, denn ich sehe, dass ich nur Unterwäsche trage, schwarzes Unterhemd, schwarze Unterhose, Kontrapunkte in der Arktis, keine Strümpfe, keine Schuhe, und dann plötzlich bin ich wieder ich auf dem Bett, die Neonröhren über mir, bin dann wieder ich über dem Bett, der sich im Bett sieht, der im Bett sieht nur die Decke, bin ich also mehrfach vorhanden?, da stimmt doch was nicht, mein eigenes Gesicht jetzt direkt vor mir, Großaufnahme, Augen aufgerissen, Mund aufgerissen, Falten wie Krater um Augen, um Mund, ich denke: 2028 vielleicht, ich brülle, bis ich nicht mehr brüllen kann. »Hilfe, hilfe, bitte helft mir doch!«

Aber da kommt keiner, da ist keiner, eine Tür, zwei Fenster mit heruntergelassenen Jalousien, es muss noch Nacht sein draußen, das weiß ich. Ein Waschbecken neben der Tür, sonst nichts in dem Raum außer dem Bett; später, als ich mit dem Bett durch den Raum reite und dabei ein wahnsinniges Krachen und Scheppern erzeuge, werde ich noch eine Tür bemerken, zwei Türen, zwei Fenster, aber die Zeit scheint sich nicht zu bewegen in diesem Würfel, und bevor ich so durch den Raum reiten kann, dass sich kleine, kaum sichtbare Risse durch die Wände und die Türen und das Glas der Fenster und der Neonröhren ziehen werden, gewaltige Vibrationen, ich liege und warte, eine Stunde, zwei Stunden … vielleicht auch nur dreißig Minuten, eine Stunde, anderthalb Stunden. Ich warte. Ich versuche nachzudenken. Ich verstehe langsam, wo ich bin und warum ich bin, wo ich bin. Ich kann es noch nicht richtig greifen, eine dünne Eisschicht darüber in meinem Kopf, aber viele kleine und mittelgroße Fische stoßen schon von unten dagegen, ein kugeliges Aquarium, ich kann sie sehen als Schemen und Schatten, wenn ich die Augen schließe, und das Knirschen und Klirren des Eises in meinem Kopf, ich sehe einen Arzt, vollbärtig mit einer runden Brille, er erinnert mich an einen evangelischen Pfarrer, deswegen die Fische?, die Fische ergeben doch keinen Sinn, aber sie stoßen gegen das Eis. Ich friere. »Hatten Sie schon häufig die Absicht, Suizid zu begehen?«

»Ich hatte noch nie die Absicht, Suizid zu begehen.«

»Konsumieren Sie Drogen?«

»Sie sind falsch informiert, ich hatte noch nie die Absicht, Suizid zu begehen.«

»Leiden Sie unter Depressionen?«

»Das ist ein Irrtum, ich würde nie auf die Idee kommen, Suizid …«

»Waren Sie schon einmal in Behandlung wegen …« Der Ton ist weg, sein Mund bewegt sich, auf und zu, auf und zu, Blasen steigen zur Decke, und ich hasse diesen Pfaffen, ich stelle mir vor, wie ich seinen Bart mit beiden Händen packe und mit einem Geräusch wie beim Öffnen eines Klettverschlusses von seinen Backen reiße, die Haut darunter ist voller Blasen und Poren wie gekochte Hühnerhaut. Ich habe die Hände auf dem Rücken, während ich mit ihm spreche, irgendwo sind die Polizisten …

Ich drehe den Kopf und begutachte die Manschette, die meinen rechten Arm festhält. Ich muss sie loskriegen und den Pfaffen aufspüren. Was soll ich ihm den Bart abreißen, so was funktioniert schlecht in der Realität, ich werde ihn aufspüren und packen und durch ein geschlossenes Fenster werfen, die Scherben im Scheinwerferlicht begleiten ihn nach unten, Knastmonde, aber ich bin nicht im Knast. So ähnlich, nur so ähnlich.

Später, irgendwann, Stunden, Tage, 2008, 2009, werde ich durchs Innere des Gebäudes laufen, ein langer Gang, meine rechte Schulter und mein Ellenbogen schmerzen, ich laufe, nein, ich humpele schwankend, etwas nach vorne gebeugt, der rechte Ellenbogen vom Körper abgespreizt, wie ein Körperklaus, das hat ein Junge immer benutzt, dieses Wort *Körperklaus*, das muss 1997 gewesen sein in der Jugendarrestanstalt Zeithain, der lag mit mir auf dem Zimmer und hat alle möglichen Leute so bezeichnet, hinter ihrem Rücken, obwohl er selbst klein und dick und hässlich war und sich in den paar Wochen kaum gewaschen hat und mir stinkende Lügengeschichten erzählt hat Nacht für Nacht; *spastisch*, auch so ein Wort, den Ellenbogen abgespreizt und spastisch durch die Luft rudernd, bewegen sie sich wie in Zeitlupe auf mich zu, Zombies würde ich sagen, sie schwanken, wie auch ich schwanke, als würden sie gleich umkippen, *Night of the Living Dead*, obwohl schon Nachmittag ist. Einige brabbeln, strecken ihre Arme nach mir aus, Zombies können nicht sprechen, aber sie sind hungrig nach menschlichem Fleisch und infizieren ihre Opfer, wenn sie sie beißen, die dann auch zu Zombies werden, *Dawn of the Dead*, der ist in Deutschland nicht ungeschnitten zu bekommen, mein Tätowierer kennt einen DVD-Dealer, der ihn mir besorgt hat, ein paar Überlebende der globalen Zombie-Katastrophe verschanzen sich in einem riesigen Einkaufszentrum, das von den Zombies belagert wird, wie 2007, als in Berlin am Alexanderplatz um Mitternacht ein Einkaufszentrum eröffnet wird, Schnäppchen – Schnäppchen – Schnäppchen, rennen Tausende Zombies auf Koks, viel schneller und agiler als die von George A. Romero, durcheinander und übereinander, es gibt viele Verletzte auf der Jagd nach dem Fleisch, Scheiben gehen zu Bruch, und ich sehe die Glassplitter im Scheinwerferlicht der Monde, »Das Vieh wurde geschlachtet, und nun will jeder ein Stück Fleisch«, hat mir mal ein Zuhälter gesagt, ich bevorzuge die modernere Berufsbezeichnung Manager, als er die großen Machtkämpfe im ostdeutschen Rotlicht-Milieu nach der Wende beschrieb … Und über all das denke ich nach, während ich da festgeschnallt im Bett liege und meine Arme irgendwie aus diesen Manschetten kriegen will und noch gar nicht wissen kann, dass da welche über den Gang stolpern und nach mir greifen, denen der Sabber übers Kinn läuft, deren Augen tot sind, später, wie bei George A. Romero, dessen Meisterwerk von 1978 in Deutschland der Zensur zum Opfer fällt, dreißig Jahre lang, und hier 2008, 30. auf den 31. Dezember, das letzte Zimmer auf der linken Seite, ich.

Es muss doch möglich sein, diese Manschetten zu lockern, zu lösen. Ich muss nur eine Hand losbekommen, dann kann ich nach der Axt greifen, die neben dem Bett steht, nein, zu Hause, heeme, so sagen wir in Sachsen, heeme steht meine Axt neben dem Bett, eine wunderschöne Feuerwehraxt aus den dreißiger Jahren, ratzfatz mit der Axt befreit und mit riesen Hieben durch die Tür ins Innere des Komplexes und diesen bärtigen Schubladenöffner und Schließer zerhacken auf meinen Weg. Und ich schlage mich durch Türen mit meiner Axt … Moment, wer kümmert sich um meinen Hund, der ist schon alt, wenn sie mich hier gefangen halten?, aber so lange bin ich noch nicht weg von Heeme und Hund, und wenn es Nacht ist, schläft er, und ich schwinge meine Axt, will raus aufs Feld, denn das weiß ich jetzt wieder, dass draußen vorm Fenster, hinter den Mauern, Felder sind, draußen vor der Stadt, dorthin haben sie mich gebracht, und ich schwinge die Axt, schreiend. Und an Magister Steinbauer muss ich denken, während ich so schreie, den Österreicher, der am 13. Mai 2008, ob das ein Freitag war, will ich wissen, aber verdammt nochmal, niemand antwortet!, der ist also am 13. los und hat fünf Leute erschlagen mit seiner Axt, Familie war das. »Darunter ein kleines Mädchen, das den Tod kommen sah und noch Abwehrbewegungen machte.« Das lese ich in der Zeitung, die ich aufgehoben habe, weil ich dachte, darüber muss ich mal was schreiben, und jetzt schreibe ich was ganz anderes, während ich wieder daliege und an diesen verdammten Manschetten fummle.

Magister Steinbauer hat also offenbar seiner eigenen kleinen Tochter die Hände weggehackt, als sie ihm die in dieser Abwehrbewegung entgegenhielt, denn anders können sie diese Abwehrbewegungen nicht konstatieren, wo *sie* doch nichts mehr sagen kann dazu. Der Magister Steinbauer hat seinen Magister gemacht an der Universität. Um mit einer Axt fünf Menschen zu erschlagen, braucht man eine gute, langstielige Axt und nicht unbedingt einen Magister, ich habe nur ein Diplom, und vielleicht braucht man das Moment der Überraschung, eine Axt ist eine Axt, und eine Rose ist eine Rose. Deswegen habe ich eine Axt im Haus, falls jemand mit einer Axt kommt. Rosen für den Axtmörder. Und ich will hier raus, weil ich es nicht aushalte, so hilflos hier zu liegen, Arme und Beine fixiert, und nichts verändert sich im Raum, nur die dünne Eisdecke ist längst gesprengt, und Axtmörderfische und Wut und Angst … und ich ziehe und zerre an diesen Kunststoffmanschetten, die meine Unterarme festhalten, und sie werfen ihm vor, dass er feige sei, weil er sich umbringen wollte danach, es aber nicht getan hat, wie willst du dich mit einer Axt umbringen, aber … »Es findet sich schon irgendwo ein Berg, von dem man sich herunterstürzen kann, ein Strick, eine Eisenbahnschiene.« Sagt das Gericht. »Konsumieren Sie Drogen?« Das ist in meinem Kopf, weil ich die Zeitung viel zu oft studiert hab, der Magister Steinbauer benimmt sich wie die Axt in Österreich, der Magister Steinbauer rottet seine Sippe aus, weil sein kleiner Betrieb pleite ist, die Wirtschaftskrise dezimiert die Menschheit, und jetzt schweige ich und konzentriere mich auf den Würfel, in dem ich liege, denn die Angst fängt an, mich zu zerreißen.

Wenn ich mich, so weit es geht, auf die Seite rolle, kann ich mit der rechten Hand unter das Bett greifen. Ich muss ganz schön arbeiten, um meinen Körper in diese Position zu bringen. Die Manschetten geben mir mehr Spielraum, als ich gedacht habe. Ich wuchte meinen Körper immer weiter auf die Seite, stoße meinen Arm so weit wie möglich durch den Ring dieser verdammten Manschette, Zentimeter um Zentimeter erobernd, bis ich, und das Bett kippt bereits, unter dem Bett einen Lattenrost aus Metall greifen kann. Räder sind unter den vier Beinen des Bettes, die kann ich sehen mit verdrehten Augen, wenn ich meinen langen, verdrehten Hals mit meinem Kopf hinunterwuchte, dort sind die Bremsen festgestellt, an den Rädern. Ich drehe und wende mich und beuge mich aus dem Bett heraus, so weit es geht, und die Manschette auf der anderen Seite und die an meinen nackten Beinen zerreißen mir fast die Haut.

Und ich greife das Metall des Lattenrostes. Und dann beginne ich, mit dem verdammten Bett zu reiten. Ich werfe meinen Körper hin und her, links, rechts und nach vorn, und das Bett bewegt sich. Bamm, bamm, bamm! Es springt ein paar Zentimeter Richtung Tür. Bamm, bamm, bamm! Und ein paar Zentimeter Richtung Fenster. Ich bäume mich auf, habe das Gefühl, mein Körper schnellt auf die Neonröhren an der Decke zu, eine flackert, das macht mich krank, Mister Magister, wie gut, dass dieser Mann keinen ausgebauten Keller hatte, über meiner Bar im Schlafzimmer, heeme, hängen zwei Bilder, die leuchten nachts, Öl, phosphoreszierend, der englische Künstler Liam Scully hat die gemalt, um zwei kleine, auf die Leinwand geklebte Zeitungsartikel herum, *The Sex* und *The Beast*, das sind der Fritzl und die Kampusch (sie mit einem Tuch vor dem Mund), die sehe ich, wenn ich einschlafe und wenn ich aufwache, und in manchen Nächten grinsen sie ganz besonders hell, und jetzt zerre ich, mich immer noch halb aufbäumend, frag mich keiner, wie ich das gemacht habe, diesen Lattenrost raus, Stück für Stück, Zentimeter um Zentimeter.

Bamm! Und da liegt er auf den weißen Fliesen. Und ich frage mich, ob das Bett, auf dem ich festgeschnallt bin, wirklich so klein ist wie dieses Eisengestänge auf dem Boden. Und dann bäume ich mich wieder auf, bamm, bamm, bamm!, reite ein paar Zentimeter, Dezimeter, werfe mich zur Seite und kippe, ich und das Bett, kann mich irgendwie abstützen, greife dieses Gitter mit der anderen Hand, so viel Spielraum lässt mir diese verdammte Fessel jetzt, und brauche sehr lange in diesem Raum, bis ich einhändig, und so ist meine Erinnerung und so wird sie auch bleiben, bis ich dieses sperrige Teil auf meine Brust gewuchtet habe. Nachgreifen, immer wieder nachgreifen.

Der Lattenrost liegt kühl auf meiner Brust, ich trage ja nur ein Unterhemd, und dann, fragen Sie mich nicht, woher ich die Kraft nehme in diesem festgeschnallten Zustand, und dann fliegt der Lattenrost die paar Meter, wahrscheinlich weniger als das, Richtung Tür, bis dorthin haben meine Anstrengungen mich und das Bett gebracht, und weil das so schön aussieht, spule ich die Szene immer wieder vor und zurück, dieses Metallteil von meiner Brust Richtung Tür, zurück auf meine Brust, wieder in den Raum, hin und her, gehe direkt in das große Gebäude draußen auf dem Feld, begib dich direkt dorthin, gehe nicht über Los und ziehe nicht 4000 DM ein … Und was ist das für ein herrlicher Lärm, als das Geschoss an der Tür detoniert und in einer zweiten, zeitverzögerten Detonation auf die Fliesen kracht. Gäbe es eine Weltmeisterschaft im Bettreiten, dann würde ich in der Disziplin des Kurzstreckensprints in geschlossenen Räumen hoch überlegen gewinnen, so wie das Wunderpferd *Overdose* im Jahr 2009 in ganz Europa wieder konkurrenzlos sein wird auf der Kurzdistanz, vier, fünf und mehr Längen in Front und durchs Ziel, »eine Laune der Natur«, sagt sein Trainer, *Die Goldene Peitsche* in Baden-Baden gewonnen 2008, der wunderbare *Overdose,* der nur ein paar tausend Euro gekostet hat, den lange keiner auf der Rechnung hatte, weil seine Abstammung fraglich war, der den Prix de l'Arc de Triomphe (mein liebstes Buch von Remarque, *Arc de Triomphe*, dort trinken sie Calvados um Calvados, immer nur Calvados, habe ich nicht auch Calvados getrunken irgendwann in dieser Nacht?) im selben Jahr gewonnen hätte und eigentlich hat und Bahnrekord lief gegen die weltbesten Sprinter, aber dann war das Rennen ungültig, wegen eines Fehlstarts, den nicht alle Jockeys registrierten, und gut die

Hälfte des Feldes ging auf die Reise, und ich bekam all mein Geld zurück, eine Monatsmiete immerhin, aber wenn das Rennen gültig gewesen wäre, hätte ich fünf Monatsmieten bezahlen können; aber was ich nicht wissen kann, während ich in Sekundenbruchteilen an der Tür bin und den Lattenrost wieder auf meine Brust zerre, schreiend, weil mir alles weh tut dabei, dass das Wunderpferd *Overdose* verletzt sein wird, den Besitzer wechselt, nach England geht, und nur einmal an den Start 2009, Mailand, 1000 Meter, Gruppe III, acht Längen und acht Welten besser als der Rest, und wieder reite ich zurück und schleudere aus der Distanz den metallenen Rahmen gegen die Tür, das ist ein Fest, ein Fest der Angst zugleich, »Lasst mich hier raus, ihr Schweine!«

Und ich beschließe, endlich *hier* zu sein, nicht mehr Räume und Zeiten in diesem Tempo zu durcheilen, denn mir ist schwindlig, und ich bin im Zustand einer Verwirrung, aber ich muss hier sein, denn es tut sich was, Schritte. Draußen. Der Lärm hat endlich eine Reaktion hervorgerufen, hat sie an meine Existenz erinnert. Schritte. Ich weiß nicht mehr, wie oft ich dieses Teil geschleudert habe, der Lärm ist noch da, verhallend, braucht lange, um aus diesen geschlossenen Räumen ganz hinauszufinden, damit wieder Ruhe herrscht, dieselbe Ruhe, die dort war, bevor ich kam.

Ich reite ein Stück zurück. Die Tür öffnet sich. Eine Frau in Weiß, ziemlich dick, ziemlich groß. Und noch größer wird sie, als sie ein paar Schritte durch den Raum geht. Sie steht genau unter der flackernden Neonröhre, sie trägt eine weiße Haube auf dem Kopf. Sie blickt mich an, dann schaut sie auf den Lattenrost, der neben ihr liegt. »Was machen Sie hier für einen Lärm.« Sie fragt nicht, sie stellt es fest.

»Ich …« Jetzt erst spüre ich, dass meine Kehle so ausgetrocknet ist, dass ich nur noch krächzen kann. »Ich will …«

»Sie sollten aufhören zu randalieren.« Sie bewegt kaum den Mund, wenn sie spricht. Und wenn sie nicht spricht und mich anschaut, ist ihr Gesicht ganz konturlos und ihr Mund ein Strich. Und mit aller Kraft, die ich habe, und meine Zunge ist wie die vertrocknete abgeworfene Haut einer Schlange: »Ich möchte telefonieren.«

»Sie sollten jetzt aufhören zu randalieren.«

»Ich habe das Recht auf ein Telefonat.«

Sie schaut mich an, und der Strich bleibt ein Strich: »Sie haben überhaupt keine Rechte, wenn Sie sich nicht benehmen können.«

Und das muss so eine Art Zauberformel sein, lebensspendend für diese verdorrte Hülle in meinem Mund die plötzlich wieder feucht und geschmeidig wird, durch die Mundhöhle flitzt und sich genug Schleim zusammenzüngelt, und ich höre ein Geräusch wie das Husten eines Tuberkulosekranken, das bin ich, und dann spucke ich dieser großen, dicken Frau in Weiß über zwei, drei Meter hinweg ins Gesicht, und ich finde, dass das eine noch größere Leistung ist als die Sprints mit dem Bett und der Flug dieses Phönix Richtung Tür, der metallen neben ihr liegt unter dem zuckenden Licht. Sie dreht sich um und geht.

Und dann die Stille. Ihre Schritte vor der Tür sind schnell wieder weg, und nur das Summen der Neonröhren und das Geräusch meines Atems sind noch da. Und auch das wird immer leiser, und ich liege, bewege mich nicht und lausche in diese Stille. Wie lange werde ich hier liegen müssen, wann werden sie mich wieder losmachen? Wie lange kann ein Mensch angebunden auf einem Bett ausharren, bevor er verrückt wird oder Teile seines Körpers und seines Geistes sich ausschalten? Lange, denke ich und denke an Menschen, die über Stunden und Tage und Wochen und Monate eingepfercht sind. Auf und ab gehen, das ist doch, verdammt nochmal, das mindeste, was man einem Menschen gestatten sollte, auch wenn er eingesperrt ist. Das Gefängnis, der Knast, das Eingesperrtsein schien mir immer mein Schicksal zu sein, schon meine Mutter drohte mir als Kind mehrfach mit Jugendwerkhof und Heim, aber vielleicht denke ich mir das jetzt nur aus zugunsten der Dramatik. Nemesis. *Star Trek – Nemesis*. Ein Planet am Rande der neutralen Zone, das Raumschiff Enterprise empfängt fremdartige Signale, Teile eines Androiden werden gefunden, ein Klon des Kapitäns entsteht …

»Ich rufe Dich, Nemesis! / Höchste! / Göttlich waltende Königin!«

Damokles. (Phönix – Nemesis – Damokles. Komm schnell zurück zur Erde, Ikarus!, bevor die Sonne der Antike dir den Arsch verbrennt, und wenn du dort oben nicht angerußt wirst, da unten, bei deiner Rückkehr, wirst du zermalmt, denn du landest, aber das kannst du nicht wissen, genau dort, wo der alte Sisyphos seinen gewaltigen Stein rollt.) Ich bin auf der vollkommen falschen Spur, aber draußen höre ich jetzt wieder Schritte, viele, da kommen *welche*.

»Und nimmer entzieht sich Dir die Seele / Hochmütig und stolz / Auf den verschwommenen Schwall der Worte. / In alles schaust Du hinein, / Allem lauschend, alles entscheidend. / Dein ist der Menschen Gericht.«

Die Schritte werden lauter, aber ich liege und rühre mich nicht. Die Tür wird geöffnet.

Ein Kissen ist das Erste, was ich sehe, in der Tür. Die dicke, große Frau in Weiß hält dieses Kissen, das auch weiß ist, wie sollte es anders sein. Sie trägt es vor sich her wie einen Schild. Sie läuft nicht besonders schnell, aber mit Nachdruck, würde ich sagen, und sie ist nicht allein. Hinter ihr drei Männer, jung, auch in Weiß, einer davon mit Zopf. Sein Zopf pendelt bei diesem energischen Gehen von einer Schulter zur anderen. Komm nur, mein Junge, denke ich und will mich aufrichten, schnell hab ich dich an deinem Zopf gepackt. Das Kissen nähert sich meinem Gesicht. Bevor sie zudrückt, blicke ich ganz kurz in *ihr* Gesicht. Was soll ich sagen, da ist nichts, nur eine bleiche Leere. Ich kann ihre Ellenbogen spüren, sie liegt in ihrer ganzen Schwere auf mir. Ich will atmen und kann es nicht. Ich will schreien und kann es nicht. Ich will meine Hände benutzen und kann auch das nicht. Ich spüre Hände auf meinen Schultern, an meinen Armen. Jemand reibt etwas Kühles in meine rechte Armbeuge. Meine Hilfeschreie gurgeln in das Kissen. Ich weiß, dass ich jetzt sterben muss. Keine Luft. Meine Beine zucken, alles zuckt und wehrt sich, aber die drei Männer halten mich fest, und das Kissen immer noch auf meinem Gesicht. Ganz kurz sehe ich mich von oben, wie sie mich halten, aber ich weiß, dass ich mich nicht von oben sehen darf. Etwas unglaublich Dünnes fährt mir kühl in den Arm. Ich spüre, wie es tief in meiner Ader steckt, viel zu starr für dieses weiche und biegsame Blutgefäß. Und da ich mich bewege, viel mehr noch: da ich kämpfe, um nicht zu ersticken, da ich zu ersticken glaube, stößt dieser dünne Fremdkörper gegen die Wände in meinem Blutgefäß, und die feine Spitze ritzt mir Zeichen ein von innen. Etwas Warmes schießt in meinen Arm. Das Kissen geht nicht weg, und mir ist, als würde ich ertrinken, immer tiefer sinken in einem dunklen Waldsee. Tote Bäume um das Ufer, stehen halb im Wasser.

Die Stämme sind weiß. Viel Schatten, das Wasser ist dunkel, und ich sinke immer tiefer.

Als Kind, da war ich vielleicht zehn oder elf, bin ich fast ertrunken. Ich hatte ein Schiff gebaut aus Holz, mit Masten und Segeln und Takelage, und es mit an den See genommen. Es gab zwei Seen dort, der Waldsee mit den toten Bäumen war ein Stück weit entfernt. Auf dem Weg dorthin kam man an einem großen Sumpf vorbei, mitten im Wald, die Oberfläche grün von Entengrütze, und Skelette von Bäumen lagen auf dem Grün. Eine Schicht aus Laub und fauliger Erde bis an das Ufer. Auch der etwas entferntere See war halb versumpft, nur an einer Stelle konnte man ins Wasser gehen und schwimmen. Ich konnte nicht schwimmen, habe das erst gelernt, als ich vierzehn oder fünfzehn war. Und ich bin an diesen See gegangen damals, mit meinem Schiff. Ein Dreimaster, Vollschiff, auf dem Deck standen Kanonen, das waren Patronenhülsen, die hatte ich im Wald gefunden, nicht unweit des Sumpfes. Das war in Mecklenburg, zwischen Güstrow und Krakow am See, wo der Schriftsteller Uwe Johnson einen Teil seiner Kindheit verbracht hat. Einmal kam uns der Schriftsteller Fred Wander, der eine Zeitlang dort in der Nähe lebte, besuchen, der war weltberühmt durch sein Buch *Der siebte Brunnen*, aber all das verschwindet und verschwimmt, ich versuche, nach Luft zu schnappen, sehe den Rand und die braunen Wände dieser Torfgrube wie durch eine große unscharfe Brille, sehe den Kiel meines kleinen Schiffes über mir, sehe die Luftblasen, schlage um mich mit Händen und Füßen, sehe Grasbüschel, die unter Wasser wachsen, versuche, nach ihnen zu greifen, Grasbüschel wachsen auch am Ufer, ich kann sie sehen, muss nur nach ihnen greifen, aber ich sinke. Mein Großvater, der das Dach des

Hauses teerte, vielleicht einen Kilometer entfernt, erzählte später, er habe den Schrei irgendeines sterbenden Tieres gehört, aber jetzt kein Schrei, nicht mal ein Flüstern, denn sie haben mich stumm gemacht.

Ich sehe aus den Augenwinkeln ihre Rücken, sehe die Tür, wie sie sich schließt. Sie haben mich zugedeckt, die Decke bis hoch zum Hals gezogen. Erst versuchen sie, mich umzubringen, dann decken sie mich zu. Ich spüre das Zeug, das sie in mich reingeschossen haben, ich kann meine Augen nicht mehr offen halten. Ich merke, wie ich wegdrifte. Heute ist Silvester, denke ich noch. Vielleicht werde ich schlafen bis 2009. Und während ich wegdrifte, zwischen Schlaf und Rausch und Ohnmacht, bin ich wieder in dieser Bar, wo alles angefangen hat. *Brick's* heißt sie, eine der besten Bars in der Stadt, die eigentlich in keinem Touristenführer fehlen sollte, täglich geöffnet bis mindestens vier, ein kleiner, halbdunkler, niedriger Raum unten im Keller, am besten sitzt man an dem halbrunden Tresen, die Cocktails sind gut, die Barmänner und -frauen klassische Schule, auf einer Leinwand laufen Musikvideos, meistens aus den Achtzigern, ein Absacker geht immer im *Brick's*, und wer ein paar Mal dort war und immer wiederkommt, wird zum *Brickser*. Ich sollte Barführer schreiben, und vielleicht mache ich das, wenn ich irgendwann wieder aufwache. Zwerg Nase schlief sieben Jahre lang. Wir sitzen da und trinken, ich und mein Freund und Mit-Brickser UKG, der in Leipzig eine Galerie betreibt, wir haben schon oft hier gesessen, manchmal mit einem seiner Künstler, einmal sind wir am Ostersonntag, morgens, es schneite, aus der Bar getaumelt und zur Nikolaikirche gezogen, die nicht weit weg ist. Hier pilgern die ewigen 89er hin und beten zur friedlichen Revolution, eine weiße

Säule steht auf dem Kirchenvorplatz, aus der wachsen oben grüne Palmenblätter aus Gips, das hat auch irgendwie mit 89 zu tun laut Inschrift, der Erlöser (alles hat ein Ende, nur der Durst ist frei) kam in einem Trabbi in die Stadt und nicht in einem Mercedes oder Audi, und die Proleten haben ihn mit Grünzeug beschmissen, das er sammelte und an all die Vegetarier weitergab, die sich leckere Salate damit anrichteten, Palmsonntag, ich habe eine Tätowierung, eine Kette mit einem Kreuz auf meiner Brust, die habe ich mal Theologiestudenten gezeigt, auf einer Theologenparty war das, 2004, ich habe mir das Hemd vom Leib gerissen, weil die mir kein Bier mehr verkaufen wollten und ich sie mit meinem tätowierten Kreuz bekehren wollte zum Bierverkauf von jetzt an bis in alle Ewigkeit, die Ewigkeit habe ich nie begriffen im religiösen Sinn, wäre es nicht furchtbar, Milliarden Jahre Bier zu trinken in der Gartenkantine *Eden* und kein Ende in Sicht, und der Kater nach fünf Millionen Jahren endlich ausgestanden, und die nächste Runde wartet schon ... und wir stehen also vor der Kirche im Schnee und schlagen mit den Fäusten gegen die Tür, »Lasst uns rein, wir suchen die Erlösung!« Wir versuchen, die Wände hochzuklettern, um zu den Fenstern zu gelangen, ich brülle: »Pfarrer Führer, Pfarrer Führer, komm raus!«, der ist nämlich der Chef von dem Laden, 89 bis in alle ... aber wir begreifen nicht, dass es aus unbegreiflichen Gründen keine Ostermesse gibt, dass die Kirche leer und verrammelt ist. Der Maler Paule Hammer ist dabei (Ich habe ein Bild von ihm, ziemlich groß, das heißt *Aua*, auf schwarzer Fläche Hunderte Punkte wie Sterne, auf jedem ein *Aua* geschrieben in winziger, blauer Schrift. Jemand schrieb mir mal dazu: »An deiner Wand: ein Bild aus tausend Wehklagen, schmerzenden

Punkten im Weltall. Diese berstende Fläche, durchbrochen von einem Licht, dessen Konsistenz der Künstler – sagtest du mir – nicht verrät. Schon dort, denke ich heute, war alles erahnbar.«), Paule Hammer findet einen riesigen Dietrich in einer Nische im Mauerwerk, der muss hundert Jahre und noch älter sein, UKG versucht, damit die Tür zur Sakristei zu öffnen, eine Polizeistation nur ein paar Straßen weiter, und wir ziehen grölend zur nächsten Kirche, um um Einlass und Erlösung zu bitten. Schon damals hätte ich hier schlafen sollen, Ostersonntag, Silvester, Nemesis.

Und wir taumeln aus dem *Brick's*, die Nacht vom 30. auf den 31., Jahr 2008, schneit es?

Ich singe Lieder. »Ja, ja, Chemie, ja, ja, Chemie, ja, ja, Chemie steigt wieder auf …« Chemie, das heißt der FC Sachsen Leipzig, taumelt gerade auf die x-te Insolvenz zu, aber mit mehr Tempo als wir Richtung Taxistand.

Und dann hält ein Streifenwagen neben uns, wir laufen nämlich auf der Straße, eine ziemlich kleine Straße, auf der um diese Zeit keine Autos fahren, außer den Bullen und ein paar Taxis. Als sie aussteigen und auf uns zukommen, sage ich: »Verpisst euch, ihr Arschlöcher«, oder so ähnlich.

Und da stehe ich halbnackt in dieser gefliesten Zelle und schreie: »Ich habe das Recht auf ein Telefonat, wenn ich nicht telefonieren darf, hänge ich mich auf!« In diese Gegensprechanlage schreie ich das. Eine Menge Polizei plötzlich in dieser kleinen Straße, da sind wohl noch mehr gekommen, die Dynamik der Situation, und ich mal am Boden, dann zwischen den Bullen, dann mal an diesem Drahtzaun vor dem leeren Grundstück, dort führte früher mal ein kleiner Weg durch, direkt zum Bahnhofsvorplatz, UKG will schlichten, hält mich fest, »Hilfe«, schreie ich,

»holt doch die Polizei, zu Hilfe, Uwe, ruf die 1-1-0!« Zwischen den Körpern sehe ich den großen Glaswürfel des Museums, auf dem die Lichter blinken. Blau.

»Nimm deine Pfoten weg«, schreie ich und schlage sie auch weg, das sind aber nicht die Hände von UKG, dieser Bulle mit den kurzgeschorenen Haaren, der auf mir kniet, ist ein Lok-Leipzig-Fan, dem haben meine Lieder nicht gefallen, nur so kann es gewesen sein. Deswegen, und nur deswegen, beschimpfe ich ihn während der Fahrt, und deswegen, nur deswegen, rammt er mir seinen Ellenbogen in die Seite und setzt sich auf mich, und jedes Mal, wenn ich ihn beschimpfe, ist da sein Ellenborgen oder seine Hand. Die Dynamik der Situation, wie sollte ich ihm da böse sein, diesem Dreckschwein, in Amerika hätten sie mich schon halb tot geprügelt.

Ich war erst einmal in Amerika, New York, Anfang März 2008, und bin mit einer Schnapsflasche nachts durch China Town getaumelt, weil ich nicht wusste, wo ich bin. Ich sollte mir Gedanken machen, warum das manchmal außer Kontrolle gerät. »Wenn ich nicht telefonieren darf, hänge ich mich auf!« *John Barleycorn* hat Jack London ihn genannt, diesen alten, krummen Meister, der neben dir am Tresen kauert und dir immer wieder die neuen Bestellungen einflüstert und, wenn du schon gehen willst, mit einem Sprung auf deinen Schultern sitzt, dass du genauso krumm wirst wie er und dich auf dem Tresen abstützt, John Barleycorn, der auch dann noch da ist, wenn alles weiß wird in deinem Kopf, mit John Barleycorn bin ich durch diese fremde, große Stadt getaumelt, irgendwann im Frühjahr 2006 nach einer Lesung, nur noch auf einem Auge sehend. »Wo bin ich?« Ein großer Bahnhof, das muss München sein. Was verdammt nochmal mache ich in

München? Gut, gut, das wird schon seine Richtigkeit haben, es ist Morgen, und dann werde ich einfach nach Hause fahren, München – Leipzig, in fünf, sechs Stunden bin ich heeme, bei meiner Axt und meinem Hund. Aber dann sehe ich FRANKFURT/MAIN HBF. Mein Gepäck, ich muss mein Gepäck irgendwo auf diesem Bahnhof stehengelassen haben. Aber das Gepäck ist weg, und der krumme Meister führt mich zu einem Laden, wo es Dosenbier gibt, Glas ist gefährlich um diese Zeit. »Sie möchten sich also umbringen, Herr Meyer? Wir bringen Sie dorthin, wo man sich darum kümmert.« Wir sind zusammen durchs Bahnhofsviertel gewandert, ein paar Stunden zuvor, haben Geld verteilt an Bedürftige, Huren und Heimatlose, die Taschen waren voller Geld wegen dieser Lesung. »Und versprich mir, Mädchen, dass du dir eine heiße Wurst davon kaufst. Kein Junk, versprich mir das, Mädchen, dass du dir kein Junk für mein Geld holst!« Und kurz bevor ich in den Zug steigen will, finde ich diesen Hotelschlüssel in meiner Jackentasche. Nur ein Name drauf und keine Straße und keine Erinnerung, und ein Türke fährt mich durch die halbe Stadt, der Erlöser der Huren und Heimatlosen wird kommen in einem Mercedes, und das Hotel ist ein paar Straßen vom Bahnhof entfernt. Zeig mir ein Bett, John Barleycorn, bevor *alles* weiß wird.

Und ich liege und komme wieder zu mir. Ich friere. Ich friere so, dass Arme und Beine an den Manschetten reißen. War da nicht eine Decke gewesen? Ich drehe den Kopf und sehe sie auf dem Boden neben dem Bett. Obwohl die Neonröhren leuchten und flackern, sehe ich das Dämmerlicht, das durch die Jalousien fällt. Ich drehe mich auf die Seite und versuche, an die Decke zu kommen. Ich friere so erbärmlich, dass ich an diese Decke kommen muss. Wieder kippe ich das Bett ein Stück, und ich schaffe es, die Decke mit einer Hand zu greifen. Ich versuche, sie nach oben zu zerren, aber sooft ich es auch versuche, es gelingt mir nicht. Ich schäme mich plötzlich für meine Nacktheit und spüre einen Ständer in meiner Unterhose. Es gibt einen sogenannten Schwäche-Ständer, wenn das Blut überall absackt und sich dort sammelt. Ich spüre, wie er wieder schlaff wird, während ich weiter an der Decke zerre. Jetzt könnte ich doch rufen, um Hilfe rufen, damit jemand die Decke auf meinen Körper legt, aber ich kippe das Bett wieder an und kralle meine Finger in den Stoff. Bis zur Bettkante kann ich sie hochziehen, aber weiter geht es nicht, weil ich keinen großen Spielraum habe unter diesen verdammten Fesseln, wieder kippe ich das Bett und versuche es und versuche es, während draußen die Morgendämmerung immer heller wird. Es wird spät hell Ende Dezember. Irgendwann komme ich auf die Idee, die Decke mit meinen Zähnen zu packen. Und tatsächlich liegt sie nach weiteren langen Minuten, es kann auch eine halbe Stunde sein, zur Hälfte auf mir, beginnt aber sofort wieder zu rutschen. Wieder schlage ich meine Zähne in den Stoff, mein Mund ist voller Fusseln, ich huste und spucke, die Decke liegt auf dem Boden, und ich beginne wieder von vorne. Wieder und wieder, ich weiß nicht, wie lange, nur ich und die Decke. Irgendwann höre ich Stimmen und Schritte. Ich presse den Teil der Decke, den ich habe, an mich. Ich muss lachen. Eine Seite warm, eine Seite kalt. »Ich bin noch da, ihr Schweine!«

Gewalten. 2009.

Im Bernstein

Es ist unser erstes Treffen, und ich weiß nicht, wie er aussieht. Der Zug aus Berlin ist schon ein paar Minuten da,
und ich stehe am Bahnsteig. Immer noch steigen Leute aus,
laufen an mir vorbei. Es ist ein langer Zug, einer von diesen
zweigeteilten ICEs, er fährt in genau elf Minuten nach
München. Vielleicht ist er ziemlich weit hinten eingestie-
gen, ich sitze meist im Speisewagen auf kurzen Strecken.
Vielleicht hat er reserviert und einen Platz im letzten
Wagen bekommen, der fast schon außerhalb der Bahnhofshalle steht. Leipzig hat einen Kopfbahnhof, und die Letzten
werden die Ersten sein, zumindest auf dem Weg von Leipzig nach München.

Jetzt kommen kaum noch Menschen aus den Wagen,
meist sind es Frauen, direkt neben mir fallen sich zwei um
den Hals, ein Mann und eine Frau. Ich höre Gesprächsfet-
zen, aber konzentriere mich weiter auf den Zug und den
Bahnsteig, blicke in die Gesichter der wenigen Männer, die
mir entgegenkommen, bestimmt weiß er, wie ich aussehe,
ungefähr zumindest. Ich halte mein Telefon in der Hand,
vielleicht ruft er an oder schreibt eine SMS. Es ist kalt, Fe-
bruar, und ich schiebe die Hand mit dem Telefon in meine

Manteltasche. Es hat geschneit und schneit immer noch hin und wieder, und der Schnee liegt seit ein paar Tagen, wird aber bald schmelzen, haben sie gesagt. Ich trage einen braunen Wildledermantel mit Pelzfutter und Pelzkragen, den mir mein Opa vererbt hat. Das heißt, meine Oma hat ihn mir gegeben, denn der Opa war damals schon tot. Der Mantel sitzt wie angegossen, und das verstehe ich immer noch nicht, war mein Opa doch ein kleiner, untersetzter Mann, und seine anderen Mäntel haben mir nicht gepasst. Aber er muss ihn getragen haben, wie ein Fürst mit einer Schleppe hat das sicher ausgesehen, denn ich fand eins seiner großen Stofftaschentücher in einer der Seitentaschen. Benutzt war es und klebte zusammen, und ich hab es in irgendeine Schublade gesteckt. Im Haus der Oma, oben an der Küste, nicht weit von Usedom, am Tag vor der Beerdigung, fast ein Jahr her. »Du siehst aus wie ein verarmter russischer Adliger mit diesem Mantel«, hat mal eine Frau zu mir gesagt. Oder war es ein polnischer?

Das kleine Elektroauto mit dem Nachschub für die Speisewagen kommt mir aus der Ferne entgegen, fährt am ersten Speisewagen vorbei. Die kleine Tür für die Waren ist noch offen, ein Zugbegleiter steht davor, und der Fahrer winkt ihm kurz zu.

Ich trete zur Seite, und das kleine Auto mit dem Anhänger summt an mir vorbei.

Es kommen noch welche angerannt, obwohl nach meiner Uhr, die fast auf die Sekunde genau geht und die ich immer nach meinem Atomuhr-Funkwecker stelle, noch mehr als drei Minuten Zeit sind bis zur Abfahrt. Ich blicke am Zug entlang durch den großen Bogen auf das Weiß draußen, in das er gleich verschwinden wird. Es scheint wieder zu schneien, verschwommen sehe ich das Haus, in

dem die Deutsche Bahn arbeitet, direkt hinter dem Außen-
bahnsteig 10a. Vor ein paar Jahren, 2003 muss das gewesen
sein, bin ich dort jedes Mal vorbeigekommen auf dem Weg
ins Innere des Bahnhofs, wo wir die Züge saubermachten.
Dort brannte immer Licht in zwei Fenstern unter dem Gie-
bel, schiefe Fensterläden auf der Mauer. Ein sehr spitzes
Dach, darauf glitzerte der Frost in den Novembernächten,
ein plötzlicher Kälteeinfall, das weiß ich noch. Ein alter
Mann hat mir erzählt, auf unseren Wanderungen zwischen
den Zügen, die draußen standen, und den Zügen, die drinnen standen, wir trafen uns immer in einem Bahnbetriebs-
werk zwei Kilometer vom Hauptbahnhof entfernt, da hat
er mir erzählt, wie sie in einem Lokschuppen, irgendwo
zwischen oder neben den Gleisen, genau weiß ich das
nicht mehr, wie sie dort die Selbstmörderloks behandelt
haben, an denen teilweise noch ganze Leichenteile hin-
gen, manchmal versteckt zwischen dem Gestänge und
unter der Lok im Getriebe, wie sie die Reste wegspritzen
mussten mit einem Schlauch, aber ich war mir nie sicher,
ob das stimmt, vor allem, als er einmal von einem ganzen
Kopf erzählte, na ja, ein paar Stücke müssen schon gefehlt
haben. Ich habe gedacht, die Polizei und die Staatsanwalt-
schaft müssen kommen und diese Fälle untersuchen, dürfen auf kein Teil, kein auffindbares Körperteil, verzichten …
Und dann verschwindet der Zug in dem Schneetreiben,
draußen wird es langsam dunkel, obwohl es erst zehn vor
halb vier ist, 15 Uhr 18, anderthalb Minuten ist er zu spät
losgefahren, habe ich die Lautsprecheransage gar nicht gehört, das war nun mal wirklich ein pünktlicher Zug, wo es
doch seit Monaten Probleme gibt mit den Radachsen einer
ICE-Serie und jede Menge Züge ausgefallen sind, aber es
scheint besser zu werden, je näher der Frühling rückt.

Und als die letzten Wagen des Zuges durch den Torbogen fahren, weht plötzlich ein sehr kalter Wind hinein und beißend über den Bahnsteig, und ich habe großen Appetit auf ein torfiges Glas Lagavulin, sechzehn Jahre alt, und wie der mich wärmen würde und wie ich diese von innen kommende Wärme in meinem Pelzmantel konservieren könnte für Stunden, aber zwei Gläser müssten es dann schon sein. Wenn er nicht kommt, denke ich, und wenn er sich nicht meldet, das Telefon halte ich wieder in der Hand, werde ich in diese kleine Bar neben der Treppe gehen, die haben zwar keinen Lagavulin, aber ein Johnny Walker tut es zur Not auch, wenn es so kalt ist. Und dann wähle ich doch seine Nummer, die ich, bevor ich durch die kalte Stadt zum Bahnhof fuhr, im Handy gespeichert habe. »The person you have called …«

Als ich mich umdrehe und ein paar Schritte gehe, fällt mir der Mann auf, der ein Stück entfernt am Geländer lehnt und mich zu beobachten scheint. Das Geländer läuft um eine große, rechteckige Öffnung, in der Mitte der Bahnhofshalle, von dort kann man in die unteren Ebenen mit den Läden und Restaurants und Cafés blicken. Ich habe mich ein paar Mal umgedreht, während ich am Kopf des Bahnsteigs wartete, ob er nicht irgendwo hinter mir steht, an mir vorbeigelaufen ist im Strom der Reisenden, aber dieser Mann ist mir nicht aufgefallen, vielleicht liegt das daran, dass er jetzt ganz alleine an diesem silbernen Geländer lehnt, die Hände in den Taschen seines Mantels, und zu mir rüberblickt. Reglos steht er da, aber seine Augen blicken eindeutig in meine Richtung. Ich wollte eigentlich schräg an ihm vorbei zu dieser Bar neben der Treppe, gehe aber nun langsam auf ihn zu. Und da rührt er sich plötzlich, hat ja halb auf dem Geländer gelehnt über dem großen, offenen Rechteck, das helle Licht der Läden und Cafés und Restaurants von unten in seinem Rücken, er streicht die Aufschläge seines grauen Mantels glatt und kommt seltsam geduckt auf mich zu. »Herr Meyer?«

»Ja«, sage ich und bin mir sicher, dass er mich schon seit einer Weile erkannt und beobachtet hat, Lautsprecheransagen trennen uns kurz, dann reiche ich ihm die Hand, er nennt seinen Namen, den ich ja schon kenne, wir haben ein paar Mal telefoniert, aber seine Stimme, so ist das meistens, klingt ganz anders, wie er da so vor mir steht. ›Ich dachte schon, ich habe Sie irgendwie verpasst.‹

»Das dachte ich auch«, sage ich, »schön, dass es geklappt hat. Ich hab vorhin versucht, Sie …«

»Mein Telefon ist oft aus«, sagt er.

Er hat kein Gepäck dabei, und das wundert mich, weil er doch nach Köln weiterwill, wie er mir gestern per E-Mail geschrieben hat, in ein paar Stunden, oder vielleicht in einer, je nachdem. »Haben Sie schon gegessen«, frage ich und denke sofort, dass das vielleicht eine komische Frage ist, wo wir uns doch nur übers Telefon und von E-Mails kennen und erst seit vielleicht zwei Minuten von Angesicht zu Angesicht; und er wirkt seltsam zurückhaltend, fast vorsichtig schon.

»Im Speisewagen«, sagt er, »aber einen Kaffee vielleicht.« Er trägt diesen grauen Mantel, den Kragen hochgeschlagen, eine Art Trenchcoat wird das sein, und ich versuche, mich zu erinnern, ob dieser Mantel nicht vorhin an mir vorbeigekommen ist, am Kopfende des Bahnsteigs. ›Wir können ein Stück in die Stadt gehen«, sage ich.

»Da unten«, er zeigt auf das große Rechteck mit dem silbernen Geländer, »sind da nicht auch Cafés?«

»Dort auch«, sage ich, und er sagt sofort, streicht dabei

über die Aufschläge seines grauen Mantels: »Also, wir können auch in die Stadt, wissen Sie, ich war ja noch nie in Leipzig, also nur ein Mal, und das war nur sehr kurz, aber hier auf dem Bahnhof … ich muss ja nachher weiter, und Sie auch.«

»Nein«, sage ich, »ich habe keine Termine in den nächsten Tagen, also außerhalb von Leipzig.«

»Dann hab ich das wohl falsch verstanden am Telefon, ich dachte, Sie müssen auch weg, heute noch … genug Zeit habe ich natürlich, muss erst gegen sechs weiter, aber ich habe schon sehr viel gehört von diesem Bahnhof hier.« Mir fällt auf, dass er die ganze Zeit, während wir reden, an mir vorbeiblickt und den leeren Bahnsteig mustert, auf dem eben noch sein Zug stand. »Klar«, sage ich, »da unten sitzt es sich auch gut, aber wir können auch mal da vorne gucken.« Ich zeige mit der Linken, die immer noch das Telefon hält, auf den doppelten Torbogen, hinter dem die Treppe hinab zur Eingangshalle führt, neben der Treppe und dem Torbogen diese kleine Bar, die machen guten Kaffee, das weiß ich, und auf der anderen Seite der Treppe ist ein Friseur, immer viel Betrieb dort. Und wir gehen in diese Richtung. Schlagen einen Bogen um das leuchtende Rechteck. Schwer zu sagen, wie alt er ist. Mitte vierzig, Anfang fünfzig, Gesicht ziemlich glatt, etwas rund wirkt es. Haare hat er nicht mehr viele, nur einen grauen Kranz. Ich weiß nicht, warum er auf *mich* gekommen ist. Ich bin neu in diesem Geschäft, obwohl, drei Exposés habe ich geschrieben, das waren Ausarbeitungen von Ideen, die liegen woanders, und obwohl sie die gut finden (sagen sie zumindest) und angeblich darüber nachdenken, sie mir abzukaufen oder mich zu beauftragen, die Stoffe weiter auszuarbeiten, war noch keiner von ihnen hier bei mir in

30

der Stadt oder auf dem Bahnhof, aber ich weiß, dass die Mühlräder in diesem Geschäft sich langsamer drehen als die Flügel dieser berühmten alten Bockmühle in Wolmirstedt, weit draußen vor der Stadt M, wo ich bald hinfahren werde. Aber dieser Mann ist hier, hat mich zigmal angerufen, hat nicht lockergelassen, weil ich doch keiner bin, der sofort »Hurra, ich mach es« schreit, obwohl ich das müsste wegen des Finanzamts Leipzig I, das ständig vor meiner Tür steht. Und vielleicht auch deshalb stehe ich jetzt mit ihm vor der kleinen Bar neben der Treppe. Aber es klang wirklich interessant, was er mir am Telefon erzählt hat, und nur wenn mich etwas packt und interessiert, bin ich käuflich … Und er steht unschlüssig vor der langen Glasscheibe, die Männer am Tresen scheinen immer dieselben zu sein, und sagt wieder, er würde lieber nach unten in eins der Cafés gehen. Ich verstehe nicht, was er gegen die Bar hat, bisschen klein ist sie vielleicht, aber Platz war noch genug an den Tischen und am Tresen; wir laufen die Treppe runter in die Eingangshalle und dann durch einen Durchgang in die erste Einkaufsebene, laufen zwischen den Cafés und Geschäften und den vielen Menschen, wenn ich ein Terrorist wäre, würde ich hier eine Bombe platzieren, eine lebende vielleicht, ein paar Mal bleibt er stehen, blickt in eine Bäckerei und dann auch in das kleine italienische Restaurant, aber er scheint nicht zufrieden, ich sehe, wie er die Gäste und die Bedienung und die Räume ganz genau mustert, er sagt nichts, schüttelt nur kurz den Kopf, macht eine fahrige Handbewegung in Richtung der Geschäfte vor uns, ich laufe neben ihm, als wäre ich *der Fremde*, wir fahren mit einer Rolltreppe in die untere Einkaufsebene, auch dort Cafés, »Hier«, sagt er plötzlich, »warum nicht hier, das sieht doch nett aus.«

31

Aber das sieht gar nicht nett aus, eine kleine Kaffeebude in der Mitte des Gangs, Tische und Stühle, Plastik, wie eine Insel im Menschenstrom, fast alle Tische leer, und dann sitzen wir, eingeschlossen von Bewegung. Und direkt über uns das offene Rechteck zur oberen Einkaufspassage und ganz hinauf zur Ebene der Bahngleise, dort hat er vor vielleicht zehn Minuten noch gestanden und mich beobachtet, und wenn ich den Kopf in den Nacken lege, kann ich das gläserne Rechteck im steinernen Dach der Bahnhofshalle erkennen, das aus vielen kleinen Quadraten besteht, auf die der Schnee jetzt fällt. Wir bestellen Kaffee und wärmen unsere Hände an den Tassen. Ab und an blickt auch er nach oben, man kann die Menschen an und neben den Geländern erkennen. Und er kommt nicht gleich zur Sache, wir reden eine ganze Weile über Filme und dann auch über Literatur, da scheint er sich ein wenig auszukennen, kurz reden wir über meine Bücher, dann aber wieder über Filme, und jetzt wird er langsam locker, seine Blicke folgen nicht mehr den Menschen, die an uns vorübergehen; das stetige Summen der Käufe und Verkäufe um uns, er redet sehr leise, das ist mir vorhin schon aufgefallen, und ich muss mich halb zu ihm rüberbeugen, um ihn zu verstehen, ich höre nur auf einem Ohr, seit Geburt, aber das kann er nicht wissen. Er erzählt, wie er einmal Scorsese getroffen hat, ich sage, dass *Mean Streets* auf meiner Top-Ten-Liste der besten Filme steht und dass die letzten Scorsese-Filme scheiße waren, vor allem *Departed*, den hat Scorsese nämlich geklaut, es gibt diese Hongkong-Trilogie, *Infernal Affairs*, und er weiß das natürlich auch und freut sich, dass ich es weiß, und wir reden über diese großartige Saga über Verrat und Verdammnis, »das Problem der Hongkong-Filme ist, dass man die Darsteller oft nicht richtig auseinanderhalten kann«, und er erzählt von Michael Cimino, den er auch mal getroffen hat, in Venedig vor über zwanzig Jahren, und ich sage, dass *The Deer Hunter* auch auf meiner Top-Ten-Liste ist, obwohl das nicht stimmt, aber ich überlege schon seit einiger Zeit, einen anderen Film rauszuschmeißen für dieses Meisterwerk, das mich beim Schreiben meines ersten Buches doch ziemlich beeinflusst hat, zusammen mit *Es war einmal in Amerika* und einigen Filmen von Sam Peckinpah.

Dann, wegen der Käfigszenen in *The Deer Hunter* (»Wie sie da Russisch-Roulette spielen müssen bei den Vietkong, das sind mit die intensivsten Szenen der Filmgeschichte, finden Sie nicht auch, Herr Meyer?«), sind wir bei *Papillon*, dem ultimativen Knast-Film mit Steve McQueen in seiner besten Rolle (»Ein Skandal, dass er dafür nicht den Oscar bekommen hat!«), und da sind wir auch schon recht nah dran, elegant haben wir uns dem *Grund* unseres Treffens genähert, und bevor es zu spät ist und wir für den Rest seines Aufenthaltes in dieses *Herz der Finsternis* schauen, erzähle ich ihm noch schnell von meinen drei Exposés, schaffe es, damit es nicht ganz so plump wirkt, von Steve McQueen auf Paul Newman und den *Clou* zu kommen, da ist es dann nicht mehr weit zu Woody Allen (»Ihr Lieblings-Woody-Allen?« »*Hannah und ihre Schwestern.*« »Ja, das ist vielleicht sein weisester Film, wenn man das so ausdrücken kann, ich liebe *Broadway Danny Rose*, aber der macht bei mir das Rennen nur zusammen mit *Verbrechen und andere Kleinigkeiten.*« »Gute Kombination, Herr Meyer, unglaublich, wie Angelica Huston vollkommen hysterisch wird, der muss die ja umbringen lassen!«) und Mister Peter Bogdanovich (»Ja, Bogdanovichs *Nickelodeon* ist eine der unterschätztesten Komödien überhaupt.« »Urkomisch, einfach urkomisch, und wie hieß dieser Typ in *The Last Movie Show*, dieser alte Nostalgiker …« »Sam der Löwe, meinen Sie, aber *Picture Show* heißt das im Titel …« »Sie sind ja ein wandelndes Filmlexikon, Sam der Löwe, ja, Sam der Löwe, wunderbar!«), dann bin ich irgendwie bei dem sehr lustigen *Safecrackers* (»Ja, ja, der ist wirklich irre komisch, den hat doch der Soderbergh produziert, mit dem war ich vor zwei Jahren mal essen auf der Berlinale, ein sehr schweigsamer Mensch!«), versuche, den mit der *Pusher*-Trilogie von Nicolas Winding Refn zu paaren (»Ja, der Refn, manchmal erinnert der mich an den jungen Scorsese …«), und damit sind wir weit genug weg von der Teufelsinsel und Steve McQueens Freiheitsdrang, und ich erzähle von dem gescheiterten Künstler, eine Komödie wird das Ganze, aber schon mit sozialem Einschlag, der in den siebziger Jahren mal eine große Nummer gewesen ist, in New York sogar mal Andy Warhol getroffen hat, seine Bilder und Drucke waren gefragt, aber in den Neunzigern, oder sagen wir Anfang der 2000er Jahre, ist er ganz unten, pleite, keiner will mehr was von ihm wissen, seine Frau ist auch abgehauen, und er macht nur ein bisschen Geld mit Kunstdrucken auf Wochenmärkten und so. Die meiste Zeit hängt er in so 'ner vergammelten Pizzeria ab, also Pizza isst er da kaum mal, trinkt und trifft sich dort mit lauter alternden Kleinganoven, die er im Laufe seiner jahrelangen Abhängerei kennengelernt hat, auf ihre Weise sind die genauso erfolglos wie er, erzählen aber auch wie er von ihren großen Zeiten, von ihren legendären Brüchen, Betrügereien, als sie im Ruhrpott, da spielt das Ganze nämlich, berühmt waren. Und er: Andy Warhol und die große Kunst. Kommen die irgendwann aufs Geldfälschen, und da kennt er sich als Drucker ein bisschen aus. Der Dollar ist am einfachsten nachzumachen, und mehr so aus Jux probieren die mal rum in seiner Werkstatt. Und merken, das ist unsere letzte große Chance. Und die kleine Bande schmeißt alles zusammen, und dann wird gedruckt und probiert, was das Zeug hält. Ist nämlich gar nicht so einfach. Brauchen sie spezielles Papier. Spezielle Farben. Und wie sie so rumprobieren, nebenher schon Pläne machen, was sie mit der Kohle anstellen, und auch schon mal bei ihren abgehalfterten Kontakten rumfragen, wer denn so was zu 'nem guten Kurs umtauschen kann, lagern sich in seiner Werkstatt Unmassen von den Versuchsblüten an, die kommen kaum hinterher mit dem Papiernachschub, weil es natürlich hochkomplex ist, so einen Dollar zu fälschen, mit Seriennummer und so weiter, die technischen Details spar ich jetzt mal aus, wird also immer mehr und mehr, dass sie schon gar nicht mehr wissen, wohin damit, und es teilweise zu Hause lagern, einer der Bande nimmt schon mal etwas von den Besseren, Gelungenen und versucht's, so was auf eigene Faust an den Mann zu bringen, wird in einer Bank fast erwischt damit, die anderen versuchen, den ganzen Ausschuss zu verbrennen, das Feuer gerät außer Kontrolle, Feuerwehr kommt, und alles fliegt beinahe auf, aber Glück gehabt noch mal, und natürlich treffen sie sich immer noch in dieser Pizzeria und planen und besprechen und trinken, irgendwann findet ein Müllfahrer einer von diesen blauen Müllsäcken mit den entsorgten Dollars drin, weil ein Loch in der Tüte ist, meldet das, die Bullen haben die Blüten, und da schaltet sich eine Behörde drüben in Amerika ein, die dafür zuständig ist, das U.S.-Schatzamt oder so, und die schicken gleich ein Team rüber, weil das für die nach 'ner großen professionellen Sache aussieht. Die kommen denen langsam auf die Schliche, und unsere Bande hat inzwischen bestes Material gedruckt und versucht, davon paar Millionen, kleine Scheine versteht sich, an einen Interessenten zu bringen. Natürlich nehmen die auch sofort Kredite auf, verplanen Kohle, die real noch gar nicht da ist. Und zur selben Zeit interessiert sich plötzlich eine Journalistin für den vergessenen Künstler, aber die gehört natürlich auch zu den Bullen, soll sich an ihn ranmachen, aber da entwickelt sich natürlich trotzdem was zwischen den beiden. Und die U.S.-Jungs und die deutschen Bullen schicken ihnen einen angeblichen Käufer, weil es ja als Straftat rüberkommen muss, einfach nur drucken ist nicht so sehr strafbar, und die machen einen Treffpunkt aus, säckeweise Geld, und die Idioten, also der Künstler natürlich nicht, bewaffnen sich mit Äxten, einer Sportarmbrust und einer uralten Walther PPK, falls was schiefgeht. Na ja, am Ende großer Zugriff, und sie alle in den Bau. Aber die letzten Dollars, die sie hergestellt hatten, waren die besten Fälschungen, die es je gegeben hat. Sagt jedenfalls das Schatzamt.

Also doch ein kleiner Triumph, und im Knast ist er dann 'ne große Nummer, Andy Warhol hinter Gittern. Schnitt.

Er ist weg. Kommt gleich wieder, hat er gesagt. Ist zwischen den vielen Menschen verschwunden, Richtung Rolltreppe, seltsam geduckt, und die Hände in den Taschen seines Trenchcoats.

»Fünf Jahre hat der Mann dort verbracht. Also die erste Zeit in einem anderen Lager, Afghanistan, und davor in verschiedenen Gefängnissen. Weil er zur falschen Zeit am falschen Ort … Fünf Jahre.«

»Fünf Jahre«, sagt er auch, als er wieder da ist, zehn Minuten später ungefähr, und ein paar Mappen auf den Tisch legt. Während er weg war, habe ich überlegt, wie es denn sein kann, dass er das Zeug irgendwo deponiert hat, und warum? Elf Minuten hat der Zug Aufenthalt, und in elf Minuten bis zu den Schließfächern und zurück, wenn man sich angeblich nicht auskennt auf dem Bahnhof von Leipzig. Wieso hat er das Zeug nicht bei sich behalten? Und er schien dort schon einige Zeit gestanden zu haben, oben am Geländer, wo ich ihn erst entdeckte, als der Zug längst im Schnee verschwunden war. Die Züge aus Berlin kommen stündlich, und vielleicht ... Ich blättere in den Unterlagen. Sind auch Fotos und Lagepläne dabei. Ob ihm meine Filmideen gefallen haben? Ich hab ihm nur noch eine zweite erzählt, weil ich merkte, dass er ungeduldig wird und versucht hat, den Bogen zurückzuschlagen zu *Papillon,* und er fragte mich, ob ich den Film *20 000 Jahre in Sing Sing* kenne, den hätte er kürzlich im Fernsehen gesehen (»Ja, der ist doch von Michael Curtiz, ich habe bis vor kurzem gar nicht gewusst, dass der schon in den Zwanzigern ein berühmter Stummfilmregisseur gewesen ist!«), aber als ich den Regisseur Andreas Dresen, mit dem ich einmal im *Brick's* versackt bin, ins Spiel brachte, war er plötzlich wieder interessiert. Denn das ist für mich ein potentieller Dresen-Film, mein Exposé über den Gabelstaplerfahrer im Großmarkt, der dort noch neu ist und sich in eine Mitarbeiterin der Abteilung Süßwaren verliebt, die natürlich verheiratet ist, der ganze Film spielt fast ausschließlich in dem Markt, wo sie bis Mitternacht die Waren verräumen, dort gibt's eine riesige Fischabteilung, ein kleiner Markt im Markt sozusagen, eine Unterwasserwelt voll mit Aquarien und lebenden Krebsen und so Getier. Und da steht er oft nachts mit dem Alten, auch Staplerfahrer, mit dem er sich angefreundet hat, und beobachtet die Krebse und Hummer, deren Scheren zusammengebunden sind, damit sie keinen Schaden anrichten, er, also der Junge, kommt wahrscheinlich aus dem Knast, aber nichts Genaues weiß man nicht, und alles nur zwischen den Gängen und den Mitarbeitern und den Kunden, eine Liebeszene im Tiefkühlraum bei minus dreißig Grad gibt's auch, bis der Alte plötzlich nicht mehr kommt, weil er sich aufgehängt hat im Stall seines Hauses auf dem Dorf, keiner weiß, warum. Die waren so eine Art Dreierbande, der Alte und der Junge und das verheiratete Mädchen, dem's zu Hause auch nicht gutgeht, Ehemann ein Arschloch, und dann sind die beiden plötzlich ganz allein in den riesigen Hallen. Liebe und Tod im Großmarkt, also das war jetzt nur grob erzählt natürlich.

Und ich selbst habe dann den Dreh zurückgefunden, weil man, wenn man sich so trifft und sich nicht kennt, die Dinge nicht einfach so auf den Tisch hauen will, und er will das auch nicht, das merk ich, so wie er nickt und sagt: »Das klingt doch alles ganz gut, klingt wirklich interessant«, also hab ich von der Politik angefangen und der Wahl im Herbst und dass der Steinmeier doch wohl ganz in Ordnung wäre … Und da hat er sich zu mir rübergebeugt, ich habe natürlich gewusst, was los war mit dem Steinmeier und den fünf Jahren, von denen er noch gar nichts gesagt hat, beugt er sich also zu mir vor und flüstert sehr schneidend, mir direkt ins Gesicht: »Ein Hund ist der Steinmeier, hat ihn dort sitzengelassen, hat ihn verrotten lassen, dieser Hund!« Und dann blickt er sich um, ein wenig erschrocken fast, blickt nach oben, wir sitzen ja direkt unter der Öffnung, als würde der BND hinter den Geländern lauern. Und ich sage: »Sei froh, dass der Hund ihn dort hat schmoren lassen, sonst hätten wir keinen Film«, nein, ich denke es bloß und blättere die Mappen durch, die er irgendwo aus dem Inneren dieses Bahnhofs geholt hat, könnt ihn ja fragen, aber jetzt erzählt *er*, Herz der Finsternis, der Fall K., wie ein junger Mann in die Mühlen gerät, oder besser gesagt zwischen die Mühlsteine, *in den Stein*, so habe ich es mal genannt in einem angefangenen Buch, wenn man hinter Gitter kommt, in den Stein (das ist österreichischer Slang und kommt daher, weil im Vorort Stein der Stadt Krems ein riesiger Knast ist), aber das, was er jetzt erzählt, hat nichts, aber auch gar nichts mit einem normalen Knast zu tun, das Reich der Verschwundenen, Jahre in einem kleinen Käfig wie ein Tier. Und ich blättere in den Mappen, Stimmen aus dem Dunkel, und höre ihn flüstern direkt neben meinem Ohr. Er scheint alle Details genau zu kennen, die exakte Beschaffenheit der Lager, die Dauer der Folter, die Zeiten der Essensausgabe, die Dienstgrade der Wachen, und ich denke, dass das doch – Schnitt.

Ein Mann läuft durch eine Halle. Die Wände aus Stahl, der Boden aus Stahl. Ein gewaltiges Stampfen von irgendwoher, die Bodenplatten scheinen sich zu bewegen, heben sich, Dampf tritt aus, und der Mann wechselt die Richtung. Die Decke senkt sich, Wände verschieben sich, große Zahnräder werden sichtbar und Gestänge wie in einem Getriebe, das bewegt sich und bewegt den Mann und die Räume, er wird mitgerissen, der Boden wie ein Laufband jetzt, er sieht, während er versucht, auf eine sichere Plattform zu kommen, dass es noch weitere Ebenen gibt, über ihm, seitlich versetzt unter ihm, Ebenen, die sich im Rhythmus dieses dumpfen Stampfens in einem kaum überschaubaren Raum bewegen, und da scheinen noch andere Menschen zu sein, die sich in der Maschine abmühen, so wie er; er sieht spiralförmige Wendeltreppen, stahlgrau auch die, auf einigen Plattformen, die führen irgendwohin, und vielleicht rotieren sie auch, denn die Menschen, die durch diese Spiralen eilen, sind mal hier, mal dort, mal oben, mal unten, ein Mann klebt an einem der riesigen Zahnräder oder ist angekettet, der Ursprung dieses Räderwerkes ist nicht zu erkennen, und wenn die Wände sich verschieben, weitere Ebenen dahinter und Zahnräder und Wände, die sich verschieben, und rotierendes Gestänge wie in einem Getriebe.

WUMM-KLAMM. WUMM-KLAMM. WUMM- KLAMM.

Das sind die Geräusche, die der Mann hört. Und er steht da in diesem sich schließenden und öffnenden Raum, und sein Fuß gerät in ein Zahnrad, das da eben noch nicht war, und er stürzt und wird weggerissen. WUMM-KLAMM. WUMM-KLAMM.

Eigentlich wie bei Chaplin, denke ich, während ich über diesen Traum nachdenke, den ich jetzt schon ein paar Mal gehabt habe in den letzten Wochen. März 2009, der Winter war weg und ist kurz zurückgekommen, aber der Schnee bleibt nicht liegen, es ist zu mild in der Leipziger Tieflandbucht. Seit Tagen höre ich fremde Stimmen in der Leitung, wenn ich telefoniere, und ein Echo, Hallohallohalloha-Aloha, du wirst abgehört, sagt mein Freund LB, der kennt sich aus mit so was, aber das ist Unsinn, denke ich, ich hatte auch schon früher Störungen in der Leitung. Wie Chaplin in *Modern Times* in dieses Riesenzahnradgetriebe gerät, das haben sie in einem der Olsenbande-Filme nachgemacht (*Die Olsenbande schlägt wieder zu*), sozusagen als Hommage. Eine Komödie, denke ich, das wäre das Richtige. Damit würde keiner rechnen, ob sie mich abhören oder nicht.

Das wäre doch ein Ansatz: Die Typen haben Bärte, in Guantánamo wurden sie anfangs zwar kahl geschoren, aber im Film hätten sie dann schnell wieder Bärte, und wo ist Guantánamo?, auf Kuba, und dort residiert ja auch der Langbartträger Número Uno, Fidel Castro, und der hat auch so seine Fehde mit den U.S.A., let's go to Fidel Castro, eine Art Flucht-Traum der Hauptperson K. wäre das, wie sie durch den Dschungel kriechen und sich den Revolutionsgarden anschließen. Aber *no way out* natürlich. Das Ganze müsste so eine Mischung aus *M.A.S.H.* und *Apocalypse Now* werden, vielleicht mit einem Schuss Woody Allen, aber doch mehr so *M.A.S.H.*

Die Wände meines Arbeitszimmers sind mit Skizzen, Notizen und Fotos tapeziert, Abu Ghraib ist auch dabei, da grinst mich diese Alte an, die den nackten Mann am Halsband führt, mit schwarzem Filzstift habe ich Sätze aus den Aussagen der Gefangenen auf DIN-A1-Blätter geschrieben, ICH WACHTE AUF UND WAR NACKT AUF EIN BETT GEFESSELT IN EINEM SEHR WEISSEN RAUM, mein Telefon habe ich nun die meiste Zeit abgeklemmt, um nicht gestört zu werden, ich habe einige Entwürfe gemacht, wo fängt es an, wo geht es hin, was ist das Zentrum, seit sieben Wochen stopfe ich alle Informationen zum Fall K. und dem Lager und den Lagern und den Geheimdiensten und den Verhören in meinen Kopf, NACH DEN SCHLÄGEN WURDE ICH IN DIE KLEINE KISTE GESTECKT.

Eine Komödie ist wirklich keine schlechte Idee, wie ich finde. Allein diese Szene, in der er nicht duschen darf. Mehrere Szenen sind das natürlich in der Wirklichkeit. Er steht da und seift sich ein, das Wasser wird angestellt in diesem Duschkäfig oder Duschdrahtverhau, jede Menge Wachen um ihn, und als er unter die Dusche treten will, eingeseift, zack, stellen sie das Wasser aus. Und jedes Mal dasselbe. Kann ein Mann verrückt werden. Und wenn er ohne Seife in den Strahl tritt, sagen sie:»Nimm deine Seife« (hey man!), und dann, zack, Wasser aus. Die zählen, wie sich das so beim Militär gehört, runter:»Three, two, one, zero!« Und Wasser aus. Kann ein Mann verrückt werden. Wird er auch und schmeißt mit der Seife. Und dann das Ganze natürlich vor ein Tribunal (vorher hat er auch schon Saures gekriegt), wo die Sterneoffiziere und hohen Tiere sitzen und er sich rechtfertigen muss. *The Shower Case*.

»George W. Bush, Präsident der Vereinigten Staaten von Amerika, gegen XXXXXX.«

»Ich wollte doch nur duschen!!!«

Wo fängt es an, wo führt es hin, was ist das Zentrum. Ich habe einen Entwurf, der beginnt mit der Reise der Hauptperson K. Alles chronologisch erst mal. Wie er so durch Pakistan tourt, um den Islam besser kennenzulernen, er ist ja gerade mal zwanzig, und eigentlich habe ich ja Respekt vor Leuten, die so fest glauben, ich kann das nämlich nicht mehr. Und wie sie ihn festnehmen und er dann durch verschiedene Gefängnisse tourt, Geheimdiensttypen mit Hawaiihemden ihn verhören und alles Mögliche von ihm wissen wollen und seltsamerweise auch schon sehr viel von ihm wissen. Dann ist er in Kandahar, der Vorhölle sozusagen, wo er fünf Tage gefesselt an einem Balken hängt und so weiter und so weiter, und dann am Ende *back in the U.S.S.R.*, nein, natürlich Deutschland … Aber das ist Quatsch, so geht das nicht, so funktioniert es nicht, schmeiß die Chronologie in die Tonne, weg damit, brauchen wir nicht! Fünf Jahre. Verschiedene Räume. Hunderte Verhöre. Käfige. Wachen. Rockmusik in den Nächten. Schläge. Mitgefangene, die er aus anderen Räumen und

Jahren kennt. Wie überlebt ein Mann? Wie vergeht die Zeit? Papillon wollte fliehen und hat es immer wieder versucht, hat selbst jahrelange Isolations- und Dunkelhaft überstanden mit den Gedanken an die Flucht, hier hat das keinen Zweck, let's go to Fidel Castro. Was passiert mit dem Mann in diesem Strudel? Frauen, die halbnackt um ihn und auf ihm tanzen, diese Art der Folter ist schlimmer als Zwangsonanie, G.I. Jane! Was passiert mit der Zeit? Und dann habe ich es, während ich die Wände meiner Wohnung weiter mit Fotos und Protokollen tapeziere, BEIM STEHEN MUSSTE ICH EINE WINDEL TRAGEN; die absolute Auflösung, der totale Wahnsinn, Raum und Zeit existieren nicht mehr, fünf Jahre. Coppola sagt über *Apocalypse Now*, und mit diesem O-Ton aus einem Radio-Interview beschalle ich in Endlosschleife mich und meinen Schreibtisch: »My film is not a movie. My film is not about Vietnam. My film is Vietnam.«

Also schnell an die Schreibmaschine, die benutze ich nämlich in schwierigen Fällen wie diesem; wenn die Buchstaben knallen und das elektromechanische Schreibwerk rattert, treibe ich die letzten Blockaden und Hemmungen aus meinem Hirn, KLAMM-KLAMMKLAMM-KLA-KLAMM, da grinst mich die Alte mit dem nackten Menschenhund an der Leine an, und da grinsen sie von allen Fotos zu mir runter, sei Fidel, let's go, hau in die Tasten, dass die morschen Knochen zittern, schnell noch einen Schluck Chantré, KLAMM-KLAMM – EIN SCHLAUCH WURDE IN MEINEN ANUS EINGEFÜHRT UND WASSER EINGELEITET, jetzt aber Konzentration, Verhör, das Ganze beginnt mit einem Verhör, ein absurdes Verhör und eigentlich gar kein richtiges Verhör, mehr so ein Anti-Verhör, dazu später mehr, Notizen, Notizen mit Bleistift an den Rand, erste Szene eingekringelt, erst mal nur ganz grob die Tour de force, damit ich eine Ahnung kriege, wie's funktionieren kann, und nur so kann's funktionieren, zumindest so ähnlich, das weiß ich jetzt. Eine relativ lange Szene wird das am Anfang, das spür ich und bin schon halb drin, Notizen, Notizen, aber weiter, Schnitt, K. in seinem Käfig, Bart natürlich und lange Haare, Robinson Crusoe, ganz egal, ob er da noch kahl war, bei mir hat er jetzt sooo einen Bart, und über Details später, also er in dem Käfig, blauer Himmel Sonnenschein, eine richtig knackige Sonne ist das, karibisch-kubanisch, und er sitzt da auf dem Boden, denn stehen kann er eh nicht, viel zu klein der Gitterbungalow (Sand oder Blech der Boden? Blech wär' doch naheliegend, damit keiner einen Tunnel, zumindest nicht auf dumme Gedanken ... und Sand kann man ja zu allem Möglichen, zum Beispiel in die Augen, da muss ich noch mal nachlesen und in meine Protokolle schauen), aber die eigentliche Show findet nebenan statt. Ein Junge kriecht über den Boden (doch Sand jetzt bei mir). Der hat keine Beine mehr. Die Oberschenkel vielleicht zur Hälfte noch da. Und blutigschmutzige Verbände um die Stümpfe. Ziemlich gelb geeitert auch. Was soll man machen, Farbfilm. Der Junge, unter zwanzig ist er bestimmt noch, kriecht Richtung Eimer, ein Toiletteneimer, das sieht man, weil er ziemlich eingeschmuddelt ist. Der Eimer steht am Gitter, und der Junge hält sich an den Gitterstäben fest, zieht sich hoch, versucht, sich auf den Eimer zu wuchten, seine abgeschnittene Hose, vielleicht sogar eine Bermudashorts, schon halb runtergelassen, so dass sein Arsch rausguckt, aber dezent. Gar nicht so einfach, er rutscht immer wieder ab, der Eimer kippt um, er stellt ihn wieder hin, versucht's noch mal, quälend langsam, und K. schaut. Dann plötzlich Bewegung in den Gängen zwischen den

44

Käfigen, alles mit Draht verschalt und verschachtelt, ein Trupp Soldaten kommt, gepanzert, Knieschützer, Helme, Knüppel, sie donnern an dem Jungen vorbei, wie zufällig viel zu nah mit ihren Knüppeln am Gitter, da fällt er wieder vom Eimer, obwohl er's fast geschafft hat, seinen Arsch … abrupt bleiben sie vor K.s Käfig stehen, KLANG KLANG KLANG wird der aufgeschlossen, und rein in die gute Stube, dass es raucht, er wird bearbeitet, liegt am Boden, kriegt eine Kapuze über den Kopf, wird gefesselt und weggeschleift, er wird eine ganze Weile geschleift, dann BUMM, Tür auf, er auf dem Boden, Kapuze weg, Käfig zu, ein anderer Käfig ist das, am Rand der Anlage, riesige Drahtverhaue, überall Schilder DON'T MOVE, Totenköpfe, die Sonne steht anders, er setzt sich in die Mitte des Käfigs, blickt sich um. In einem der Nachbarkäfige kriecht ein Junge ohne Beine über den Boden, zu seinem Toiletteneimer, der am Gitter steht. Der Junge sitzt schon fast drauf, da sieht er K. und ruft ihn, scheint ihn zu kennen, scheint sich zu freuen, der Eimer kippt um, weil er sich so freut, und die Scheiße läuft über den Boden, sie kommunizieren. Notizen, Notizen, Bleistift auf den Rand, worüber Kommunikation? Wer ist Abdul? Wer ist Salah, über den sie reden? Wo ist Salah? Sie kauderwelschen auf Arabisch und Englisch. Privat: Hat Abdul Frau? K. hat Frau in Germany.

Salah Lehrer von K.? Arabisch. Schwätzchen wird beendet von Soldaten, die K. wieder unvermittelt mitnehmen und rumschleifen, Ortswechsel als stetiges Prinzip, die Räder der Maschine reißen an seinen Gliedern, Notizen, Notizen, *ob er onaniert in den Nächten?* Wieder keine Sicht. Kapuze. Schwarz. Hört er Rockmusik, richtig laut, das Lager wird gerockt. Er scheint eine Ewigkeit unterwegs zu sein. *On the road again.*

Und dann wieder in einen Käfig geschmissen. Und wieder ganz anders ist der, massiver die Gitter, etwas größer, eine festgeschraubte Pritsche und nicht nur eine Isomatte wie in den anderen zuvor. Und es ist Nacht. Scheinwerfer und Lichter wie in einer Disko. Die Käfige um ihn scheinen leer zu sein. Nein, in einem liegt einer, direkt neben seinem Eimer. Der hat keine Beine. K. ruft, aber der reagiert nicht. Alles um K. herum wie ein Niemandsland zwischen den Fronten. Leer. Es kommt einer irgendwann. Im Licht der Scheinwerfer. Zuerst weit entfernt in dem Labyrinth der Gänge. Ein Soldat. Er bleibt direkt vor K.s Käfig stehen. Sie kommunizieren … Notizen, Bleistift, wer? Worüber? Über K.? Über ihn? Über das Warum? Dann liegt K. auf der Pritsche, Soldat weg, Tiere kommen, Spinnen, Leguane, Kolibris. Sitzen im Käfig und sogar auf seinem Körper. K. kommuniziert, einseitig. Worüber? Später: Bewegung in den leeren Gängen. Einsatzteam kommt. K. setzt sich in die Mitte des Käfigs. Tiere weg. Schnitt. Beim Verhör. Selber Verhörer wie in Anfangsszene. Langes Verhör. Anders als zu Anfang. K. an Boden gekettet, hockt. Verhör irgendwann zu Ende. Wird weggebracht. Verhörer sitzt lange alleine am Tisch. »Wir müssen das tun, um uns zu schützen.« Schnitt. Eine Tür wird geöffnet. K. wird in den Raum gestoßen. Kapuze wird abgenommen, Tür geschlossen. Ein alter Mann sitzt in der Mitte des Raums im Schneidersitz. Vor ihm eine große Pappschachtel mit Süßigkeiten. »Salah«, sagt K.

»Salam alaikum«, sagt Salah, der ihn nicht zu kennen scheint.

Salah, weißt du denn nicht, Guantánamo.

Was ist Guantánamo?

Ich muss meine Wohnung verlassen. Sie grinsen zu sehr von den Wänden. Es gibt ein kleines Hotel draußen am Flughafen, dort habe ich schon ein paar Mal geschrieben. Ein Echo in der Leitung, dass ich kaum jemanden verstehe, der anruft. Handy, Festnetz, alles aus jetzt. Es gibt dort Getränkeautomaten, riesige Teile, Bier und Sekt stecken in großen Rädern, die die Flaschen hinter einer Glasscheibe ratternd zum Ausgabeschacht transportieren. Ist auch sonst ein Automatenhotel. Einchecken mit Kreditkarte an einer Automatenrezeption, keine Angestellten im Hotel, alles anonym, denkt man, aber dein Name ist in der Leitung, wenn du deine Bankkarten nutzt. Ich überarbeite immer wieder die Szenenfolge. Füge neue Szenen hinzu, kombiniere sie mit anderen, um einen Sog zu erzeugen, der die Handlung wie von selbst trägt, K. durch Zeiten und Räume reißt, ein Alptraum in Bildern, »my film is not about Guantánamo, my film is Guantánamo«, aber es ist nicht mein Film, es sind meine Ideen, die er gekauft hat. Er hat mir ein paar E-Mails geschrieben. In zehn Tagen will er Resultate. Ich glaube, ich habe Lungenkrebs. Ich nehme all meinen Tabak und meine Zigarren und meine Zigaretten und schmeiße sie ins Klo. An der Wand überm Tisch habe ich Fotos und große Blätter mit Notizen befestigt. Ich hatte keinen Klebstreifen mehr, das merkte ich erst, als das Taxi schon vorm Haus wartete. Ich habe einen Hammer und Nägel in meine Reisetasche gepackt. K. spricht mit Salah. Ich schreibe mittlerweile am Laptop, die Schreibmaschine hat zu viel Lärm gemacht. K. stopft sich Salahs Süßigkeiten wie ein Wahnsinniger in den Mund, frisst die ganze Schachtel leer. Wo ist er? Pakistan? Salah erzählt von Amerika, wo er mal gelebt hat. Jimmy Carter. Boston Tea Parade. Viele Freunde. K. kotzt die Süßigkeiten aus, hat Fieber, liegt apathisch in der Ecke. Salah pflegt ihn. Sie sind die ganze Zeit allein in dem Raum. Sie beten gemeinsam. K. wird weggebracht. Er wird in einen Jeep geschleift. »Osama, Osama«, rufen Kinder auf der Straße. Der Bart. Kapuze. K. wird in eine riesige Villa eskortiert. Hand und Fußfesseln. In einem opulent eingerichteten Raum, Holzmöbel, Teppiche, wird er verhört. Der Mann trägt eine Sonnenbrille und ein Hawaiihemd. Die Karikatur eines Geheimdienstlers. K. hat Schiffbauer gelernt. Irgendwann, in Kandahar, wo Schnee liegt und der Atem dampft, zeichnet er ein Schiff in den Schnee. *Let's go to*

Dort hängt er fünf Tage an einem Balken. Durchs Fenster der Villa sieht er Palmen.

Nach dem Verhör, er wird über seine Schulzeit ausgefragt, bringen sie ihn wieder zum Jeep. Kapuze. »Osama, Osama!« Kinder. Der Jeep fährt, hält irgendwann. K. wird geschleift, sieht Füße, Stiefel, Sand. Rockmusik. Kapuze weg. Er liegt in einem Käfig. Abend. Ein paar Meter entfernt in einem anderen Käfig sitzt Salah im Schneidersitz. Salam alaikum.

WUMM-KLAMM. Ich reiße das Fenster auf. Warmer Wind draußen. Gestern war es noch kalt, knapp unter Null. Seltsame Winde sind das in der Leipziger Tieflandbucht. Ein paar hundert Meter entfernt das Flughafengebäude. Es ist Nacht, und es liegt dort wie ein riesiges, leuchtendes UFO. Was ist das Zentrum? Das Herz der Finsternis, der Wahnsinn, der amerikanische Albtraum? K.? Das entfernte Dröhnen der startenden und landenden Maschinen. Ich bin müde. Füge Bild an Bild. Der Parkplatz unten vorm Hotel ist fast leer. Nur ein Auto steht dort, genau in der Mitte des abgegrenzten Areals, gelbes Licht aus Laternen. K. sitzt auf der Rückbank. Seine Mutter neben ihm, hält seine Hand, der kleine, dicke Anwalt, der ihn in Guantánamo besucht hat, auf der anderen Seite. Ein Stück entfernt der bläulich leuchtende Flachbau einer Tankstelle. Ein Mann steigt vorne auf den Beifahrersitz. Gibt K. einen Becher Kaffee. Sie schweigen. K. trinkt. Zwei dunkle Limousinen sind zu sehen, die mit laufendem Motor an der Auffahrt zum Parkplatz stehen. Dahinter die Autobahn. Ungefähr in der Mitte meiner Szenenfolge. K. ist gefangen in der Zeit. Auch nach seiner Rückkehr. Der Kreis ist geschlossen. Immer und immer wieder durchläuft er die Räume der stampfenden Riesenmaschine. *No way out.* Ich renne ins Bad. Da muss doch vielleicht eine Zigarette danebengefallen sein, ich krieche über die Fliesen. Der warme Wind verteilt Papiere im Zimmer. Ich schließe das Fenster, lasse die Jalousie herunter und hänge noch ein Bettlaken davor. WUMM-KLAMM. WUMM-KLAMM. Was ist das? Jemand schlägt gegen die Wand. Da hängt ein Foto, das hat da eben noch nicht gehangen, auf dem Bett der Hammer, dann werde ich es wohl dort angebracht haben. WUMM-KLAMM. Verdammt nochmal, ist ja gut! Da grinst wieder diese Alte, also dieses Weib in Uniform, die den Nackten an der Leine ausführt. WENN MAN DER MEINUNG WAR, DASS ICH NICHT KOOPERIERE, WURDE ICH AN EINE WAND GESTELLT UND AUF KÖRPER UND KOPF MIT FLACHEN HÄNDEN UND FÄUSTEN GESCHLAGEN. EIN DICKER BEWEGLICHER RING WURDE UM MEINEN HALS GELEGT, UND EIN WÄRTER FASSTE MICH MIT BEIDEN HÄNDEN DARAN, UM MICH MEHRFACH HINTEREINANDER AN DIE WAND ZU SCHLEUDERN. Ich renne zum Automaten, Neonröhren flackern an der Decke des Gangs, Tür links, Tür rechts, ob da jemand wohnt?, Treppenaufgang, Fahrstühle, die Glasfront des Automaten, ich klimpere Geld in den Schlitz, eins, zwei, drei, vier Flaschen Bier, dabei habe ich seit Wochen nicht getrunken, damit mein Blick klar ist, wenn ich auf diesen Stein blicke. Das waagerecht liegende Rad hinter dem Glas bewegt sich, und die Flaschen poltern in den ... nein, da stimmt was nicht. Nur eine Flasche fällt in den Schacht. Ich verstehe. Rausnehmen und den Knopf noch einmal drücken. Das haben sie geschickt gemacht, damit ich mir nicht die Ohren zuhalten kann. Ich habe keinen Beutel mitgenommen, stopfe die Flaschen in den Papierkorb, der zwischen den beiden Fahrstuhltüren steht. Die Zahlen bewegen sich, E, 1, 2, 3, da kommt jemand, ich nehme den Papierkorb und renne den Gang entlang, DING, wer kann das sein um diese Zeit, ich zerre mit der freien Hand meine Türkarte aus der Hosentasche, aber die Tür meines Zimmers ist offen, ich würde nie diese Tür offen lassen, den Papierkorb halte ich wie eine Waffe mit beiden Händen vor mir, schnell ins Zimmer geschlüpft und zu die Tür, KLAMM, mit dem Fuß zugestoßen. *Matrix*, nach links, nach rechts, da pfeift der Papierkorb durch die Luft, dass die Bierflaschen klirren, während ich die dunklen Ecken und den Schrank durchsuche. Niemand da, alles leer, was mach ich mir Gedanken? Bin *in* Gedanken und lasse die Tür offen, aber das Fenster anscheinend auch, ein warmer Wind, was für ein Föhn, der wirbelt Papiere durchs Zimmer. Ich schiebe das Bett vor die Tür. Lege mich drauf, trinke Bier und blättere in den Mappen. Kenn ich alles aus- und inwendig. Kopf unter Wasser, Amputation von Gliedmaßen, ein kranker Körper gehört zu einem kranken Geist, Schlafentzug ohne Schlafanzug, Schafe zählen in der Hellzelle unter 10 000 Lumen. Was ist besser, die Gewalt vollkommen nackt zu zeigen oder im Pyjama? Ich ziehe mich aus, hänge das Fenster zu. In der Baracke hängen Leute am Balken. Ich war einmal an ein Bett geschnallt für sieben, acht Stunden, da dachte ich, ich muss sterben. Ich war auch mal eingesperrt für ein paar Wochen, Monate, aber da konnte ich lesen und essen.

Ich schmeiße die leeren Flaschen in den Raum. Fünf Jahre ohne Alkohol. Ein Jammer, dass die Moslems nicht trinken, ob im Lager oder nicht.

Ich war ein paar Mal in einer Moschee, eine große Wohnung im Westen von Leipzig, habe mich vor Allah verneigt, weil ich dachte, wenn du als Einziger nur so rumsitzt, ist die Transzendenz gestört. Allahu akbar. Ich habe den Koran gelesen, weil Goethe gesagt hat, dass das große Dichtung sei, und er hat recht. Ich habe Scheich Mohamed Amin al Amini aus dem Iran Deutsch beigebracht, als er in meinem Haus bei Ali im dritten Stock gewohnt hat. *Brelle.* Nein: Brille. *Brelle!* Aber seine Frau durfte mir nicht die Hand geben, was verdammt nochmal interessiert es Gott, wenn der überhaupt an irgendetwas interessiert ist, ob ich der Alten die Hand gebe! Wir leben in Zeiten von Aids und Schweinegrippe. In Berlin baden Mohameds Frauen jetzt schon in Ganzkörperbadeanzügen, *Burkinis* nennen die das, aber Allah kann doch sowieso in die Umkleidekabinen reingucken ... aber darum geht's wohl nicht. Und noch ein Bier, und die leere Flasche klirrt in den Raum. Das Dröhnen der startenden und landenden Flugzeuge. Der Laptop leuchtet auf dem Tisch. *Wenn eintrifft das Eintreffende. Dessen Eintreffen nicht lügnerisch ist. Erniedernd und Erhöhend. Wenn erschüttert wird die Erde in Schütterung. Und zertrümmert werden die Berge in Trümmerung. Dass sie eine Staubwolke werden, sich ausbreitend.*

Habe ich das Licht nicht eben ausgemacht? Da leuchtet

es mir ins Gesicht. KÜNSTLICHES LICHT WAR 24 STUN-
DEN AM TAG EINGESCHALTET, ABER ICH SAH NIE SON-
NENLICHT. Ich taste nach dem Lichtschalter an der Wand,
brauche eine Weile, bis ich meine Hände unter der Decke
hervorgezogen habe. Pfui, nimm deine Hände weg von
meinen Weichteilen! Und da taste ich an der Wand, ist das
Glasfasertapete? So etwas gibt es ja gar nicht mehr, Glas-
fasern in der Wand, wie in unserer Schule, als wir Kinder
waren, wenn wir mit den Händen über die Wände stri-
chen, schoben sich diese feinen Fasern zwischen die Haut-
schichten, man juckte und kratzte, und wer weiß, wie viel
wir von diesem asbestähnlichen Zeug einatmeten ... Und
jetzt juckt es wieder unter der Haut, während ich nach
dem Lichtschalter taste, das Zimmer in Festbeleuchtung,
Die Sura von der Sonne, bin aber zu träge, mich aufzurich-
ten, und da habe ich den Schalter, an aus, an an, aus,
warum kann ich denn meine Hand nicht stillhalten, das
summt und brizzelt, wenn der Schalter auf dem Grat zwischen An und Aus verharrt, die Lampe an der Decke blinkt
und flackert, Stromstöße fahren durch K.s Körper, Zähne-
knirschen, Schüttelfrost, Elektroden an den Hoden, wie
hältst du das bloß aus? Die Gewalt nackt oder im Pyjama?,
aber wie ich mir die Decke über den Kopf ziehe, wieder das
Grinsen von allen Seiten. Das darf nicht sein, eben habe
ich doch fast geschlafen. Oder träume ich noch? Jetzt ist
das wieder in meinem Kopf, zwischen den flackernden
Lichtern, einmal habe ich von meiner Großmutter geträumt. Die hat fest an Allah geglaubt, also in Luthers
Sinne. Hat meinem Großvater versprochen, dass sie sich
aus dem Jenseits meldet, und er wartet seitdem. Aber bei
mir ist sie schon gewesen, und ist auch jetzt wieder in meinem Kopf, nicht im Kopf, sie war in dem *Dazwischen.* Ein

Menschenstrom, nicht endend. Ich stand und stehe an der Seite, *Picknick am Wegesrand,* und der Menschenstrom zieht an mir vorbei. Und da tritt sie hervor aus diesem Gewimmel, stellt sich an meine Seite. Und wir reden, und ich sage: »Großmutter, hör auf, ich bin doch nur ein kleines Licht.«

»Aber du wirst groß herauskommen«, sagt sie.

»Aber ich meinte das doch metaphysisch«, sage ich, aber sie wiederholt es, »du wirst groß herauskommen!« Und ein anderer Mensch tritt aus dem Strom, und meine Großmutter sagt: »Da will dir jemand guten Tag sagen.« Und da kommt dieser Typ, um den ich mich als Kind, zehn, elf, zwölf war ich damals, immer gekümmert habe. Der war geistig etwas langsam. André hieß der. Und seitdem versuche ich rauszukriegen, ob er tot ist, wundern würde mich das nicht, suche im Internet, frage Freunde, aber er ist verschwunden. Wenn er tot ist, und das wäre gut, wäre mein Glaube an Allah, an Gott, an Mohamed und Jesus gefestigt. Aber so ist es nur ein Traum. Ich schrecke hoch, stehe im Bett. Ich liege auf einer leeren Bierflasche, kein Wunder, dass ich schlecht schlafe. Ich weiß erst nicht, wo ich bin. Das geht mir oft so, wenn der Schlaf alles verdunkelt in mir. Durch den Türspalt sehe ich das Licht aus dem Bad. Ich taste nach dem Schalter an der Wand, die Birne muss durchgebrannt sein. Ist es Nacht, oder ist es Tag? Das Fenster ist zugehängt. Meine Lippen sind verkrustet, mein Mund ausgetrocknet. Ich schleudere die Decke weg, ich bin vollkommen nackt. Ich habe einen Ständer, ein Burkini wäre jetzt nicht schlecht, denn ich habe das Gefühl, jemand beobachtet mich von oben, als wäre ich in einem Bernstein, aber die Zimmerdecke hängt dunkel und schwer über mir. Ein warmer Wind weht – das Fenster ist zu – durch meinen Kopf. Ich springe ins Bad. Dort sitze ich auf den Fliesen, an den Rand der Wanne gelehnt. KLAMM fällt die Tür zu, Durchzug, hätte ich mal das Fenster geschlossen.

In fünf Tagen will er Resultate. Aber ich bin zufrieden, meine und K.s Wege sind unergründlich richtig. Wasser tröpfelt in die Wanne. Ich habe Angst vor dem Bett da draußen. Keine Träume anymore. Ich will aufstehen und in den Spiegel überm Waschbecken gucken. Doch das ist nicht einfach. Bleischwer plötzlich meine Beine, meine Arme, meinen ganzen Körper kann ich nur mit Anstrengungen hochwuchten. Mir ist schwindlig, die Luft ist feucht, nein, trocken, ich kann es nicht mehr einschätzen, ich keuche und huste, will zur Tür kriechen, aber die ist plötzlich wie eine Stahlwand vor mir. Ich taumele zum Spiegel. Der beschlägt kaum, wenn ich gegen ihn atme. Keine Luft. Sie stehlen mir die Luft. Mein Bild verschwimmt, was für ein Bart! Eine Frau hat mal zu mir gesagt, lass dir einen Schnurrbart wachsen, und ich bleibe bei dir! Wahnsinnig war die. Ich bin glatt rasiert, und meine Hände ziehen Schlieren über das Glas des Spiegels. Das bin ich, und bin's doch nicht. Wo ist das Zentrum? Mir wird die Luft knapp, wer macht so etwas, dass er einem die Luft zum Atmen klaut? Ich hab doch davon gelesen … Wir liegen am Boden der Zelle, am Boden dieses Raums, der von der Luftzufuhr abgeschnitten wurde, und denken an unsere Großmütter. Der Sauerstoffmangel führt uns durch die Zeit. Und Räume ändern sich, und wir wissen nicht, ist das *hier* oder woanders.

Ein Mann in Uniform sitzt an einem Tisch. Schulterklappensterne. Er raucht. An der Decke Neonröhren, die ihn beleuchten. Vor ihm eine Mappe mit Unterlagen, Papiere, eine Schachtel Zigaretten, auf der ein silbernes Feuerzeug liegt, ein Aschenbecher. Er blättert in der Mappe, dann lehnt er sich zurück.

»Ich hoffe, mein Deutsch ist noch gut.« Er spricht mit amerikanischem Akzent. »Ich spreche nicht oft Deutsch.«

Er beugt sich vor, drückt seine Zigarette in dem Aschenbecher aus.

»Ich habe früher ein paar Jahre in Deutschland gewohnt. In Frankfurt. Ich habe in Frankfurt studiert.« Aus dem Aschenbecher vor ihm steigt dünn Rauch auf, der Mann greift noch einmal nach der Zigarettenkippe, drückt sie mit dem Filter ein paar Mal in den Aschenbecher. »Ich hatte eine schöne Zeit in Frankfurt. Wir waren eine kleine amerikanische Community.« Er lacht, lehnt sich zurück, verschränkt die Arme hinterm Kopf.

»Wir haben zusammengewohnt, in der Nähe vom Bahnhof, immer viel los.« Er lächelt. Streicht sich durch die Haare.

»Schöne Frauen, sie waren ganz verrückt nach uns Amerikanern, nicht nur an der Universität. Jede Woche wir machen Party, big Party, viele Leute. Großes Apartment. Einmal musste ein Freund ... wie sagt man ... kotzen, er kotzt aus dem Fenster, und Leute stehen unten auf der Straße, my god, wir lachen, und die Leute auf der Straße schreien, ›ihr Schweine‹, und wir bringen ihn ins Bad und machen Fenster zu, aber die geben keine Ruhe, kommen ins Haus rein, und ein Freund muss sie wegjagen, big black guy, er hat geboxt in der Mannschaft der Universität, er sah aus wie Mike Tyson, die hatten alle Kotze auf der Jacke und ein paar sogar in den Haaren, my god, und wir haben an der Tür gestanden und gelacht, und die wollten trouble machen, und Mike Tyson hat gesagt: ›You better go home‹.«

Der Mann lacht, holt tief Luft, nimmt sich eine neue Zigarette und zündet sie an. Er legt den Kopf zurück und bläst den Rauch an die Decke. Er raucht eine Weile schweigend, blättert dann in der Mappe und den Papieren. Während er blättert, fängt er wieder an zu reden:

»Kneipe. Ein schönes deutsches Wort. Viele billige Kneipen am Bahnhof in Frankfurt. In einer waren wir oft, der Chief war ein Riese, bigger than Mike Tyson, der hatte eine Träne, eine blaue Träne, there«, er tippt unter sein Auge, »ein Tattoo, ich habe so etwas noch nie gesehen, er hatte überall Tattoos, crazy guy. Er sagt, er war ein sailor, aber ich denke, er war in prison. Da haben wir manchmal die ganze Nacht gesessen, in der Kneipe von dem sailor. Und früh sind wir zu McDonald's gegangen, breakfast, und danach Universität, mit der Straßenbahn in die Uni«, er spricht es wie *Juni* aus, »verrückte Zeit damals in Frankfurt.« Er blickt auf, schiebt die Mappe und die Papiere zur Seite, hält seine Zigarette zwischen Daumen und Zeigefinger ein Stück von sich weg, als wäre sie ein Joint. »Die Mädchen waren verrückt nach Amerikanern und Haschisch. Mike Tyson hat den Stoff besorgt, er war clever, keine Angst vor Polizei und drugdealers. Am Bahnhof hat er gekauft, da konntest du überall Haschisch kaufen, wir haben die ganze Nacht mit den Mädchen rumgehangen und Pott geraucht, manchmal hat das im ganzen Haus gerochen. *Love is in the air …*« Er singt es halb, wie diesen Song, *Love is in the air.*

»Leute haben uns angezeigt, und einmal kommen sie mit Hund, Schäferhund, Polizei, sie dachten, wir sind amerikanische drugdealer!« Er lacht, zieht an seiner Zigarette und schüttelt den Kopf. »Amerikanische drugdealer. Aber wir haben gewusst, dass sie kommen … gute Informationen.« Er legt eine Hand auf die Mappe.

»Wir haben den Stoff klein gemacht, zerkrumelt. Wir haben es mit einem Schrubber auf dem Teppich verrieben, nichts zu sehen, kein Problem, und dann ist die Frau mit dem Hund in die Wohnung gekommen, und der Hund get's crazy, rennt wie wahnsinnig über den Teppich und bellt, die ziehen den Teppich weg, aber da ist nichts, kein Haschisch, nowhere, und der Hund bellt und jault, und wir stehen daneben … crazy, lange her, Frankfurt.«

Er drückt seine Zigarette sehr sorgfältig im Aschenbecher aus. Er nickt und lächelt, als würde er immer noch über Frankfurt nachdenken. »In Amerika, meine Eltern hatten auch einen Schäferhund. Wolf. Er ist gestorben, da war ich noch ein Kind. Oregon. Schönes weites Land. Ich liebe Hunde. Ich glaube, fast alle Leute haben einen Hund in Deutschland. In Frankfurt waren die Straßen voller Hundescheiße, ich bin dort oft in die Scheiße getreten. Ich hatte eine Freundin, kleine Stadt bei Frankfurt, Bad Nauheim hieß die, sie hatte einen kleinen weißen Hund, ganz klein, ich weiß nicht, welche Rasse. Pincher vielleicht. Ich glaube, der hieß Harry. Sie war ganz verrückt nach dem Hund, sie hat ihm sogar Essen gekocht, sie war auch nach mir verrückt, aber Harry …« Er verzieht den Mund, macht mit beiden Händen eine resignierende Geste wie *tja, was soll man da machen.*

»In Bad Nauheim ist ein Elvis-Presley-Denkmal. Ich habe manchmal Blumen zum King gebracht, da lagen immer Blumen, die Leute lieben den King, auch in Germany. Er hat in Bad Nauheim gewohnt, als er bei der Army war. Sie ist manchmal mitgekommen, wenn ich den King besucht habe, Harry war natürlich immer dabei …« Er bewegt seinen Zeigefinger in der Luft und redet lauter. »Und ich habe jedes Mal zu ihr gesagt: Darling, pass auf, dass er nicht den King anpisst!«

Er nickt ernst, blättert dann wieder in den Mappen und summt ein Lied vor sich hin: »On a cold and grey Chicago mornin' a poor little baby child is born in the ghetto …«

Dann richtet er sich auf. »Erzähl mir dein Leben!«

In der Mitte des Raums, ein paar Meter von dem Tisch entfernt, sitzt ein Mann in einem orangefarbenen Overall auf einem Stuhl. Er ist an den Boden gekettet, Fußschellen, Handschellen, eine Kette um seinen Bauch, die Ketten sind miteinander verbunden, so dass er vornübergebeugt sitzen muss. Jetzt hebt er seinen Kopf und blickt mich an.

German Amok

Ich trage den guten schwarzen Ledermantel, habe meine Sporttasche dabei. Bevor ich den Hof durch das große Tor betrete, quatscht mich ein Typ an, der an der Mauer lehnt. »Heh du!«

Ich antworte: »Was, ich?«, und wundere mich, dass meine Stimme so kindlich klingt, als wäre ich gerade aus dem Stimmbruch raus.

»Ja, genau. Du. Brauchst du was?« *Seine* Stimme klingt seltsam blechern, er dehnt das *Genau* und das *Du* sehr lang, das erinnert mich an irgendwas, komm aber nicht drauf, leichter Akzent auch, Türke oder Arab wahrscheinlich. Und dann holt er doch tatsächlich einen kleinen Beutel mit Pillen aus seiner Jackentasche, »Hab auch Gras und Speed«, sagt er noch, »Speed, damit bist du in Mathe immer fit!«, aber einen Sekundenbruchteil später reißt es ihn von den Beinen, der Typ fliegt regelrecht durch die Luft, ein feiner Blutnebel stäubt auf beim Einschlag der Schrotladung, das donnert ganz schön, ich lade wieder durch, die ausgeworfene Patrone fällt aufs Pflaster, ich jage dem Typen noch eine rein, ein zweiter Donnerschlag, da die Drecksau sich noch rührt, bin ein bisschen erschrocken, weil sein halber Kopf weg ist jetzt. Ich habe den vorderen Lauf vorher abgesägt, schön handlich die Wumme, ich schiebe sie in die Schlaufen in der Innenseite meines Ledermantels, die habe ich so angebracht, dass ich blitzschnell *Zugriff* bekomme. Ich gehe durch das Tor, laufe über den Hof Richtung Gebäude. Die Glock steckt hinten in meinem Gürtel. Keiner zu sehen, und schon bin ich an der Tür. Ich klinke, verschlossen. Das gibt's doch nicht! Wieso schließen die Drecksäue ab? Ich renne ums Gebäude, die Sporttasche schlägt gegen mein Bein, kurz überlege ich, einen Sprengsatz an der Tür zu platzieren, ist aber eine massive Holztür, ein Riesending, in dem Gebäude in Winnenden waren alle Türen aus Glas, die hätte ich mit der Pumpgun durchblasen können, aber egal, ich bin nun mal hier, vielleicht, weil das Gebäude meinem alten Gymnasium ähnlich sieht. Der Hintereingang ist auch verschlossen, und jetzt höre ich doch tatsächlich die Sirenen der Bullen, das kann doch nicht wahr sein, wieso sind die Drecksbullen so schnell hier? Ich schmeiße die Sporttasche weg, ziehe die Pumpgun und die Glock. Natürlich, ich hätte nie diesen Kanackendealer wegblasen dürfen, das hat so einen Lärm gemacht, da haben die Schisser es natürlich mit der Angst gekriegt und die Bude dichtgemacht, ACHTUNG, ROBERT KOMMT, und die Bullen gerufen. Die Pumpgun hat ja auch einen Bums wie ein Feldgeschütz, warum hab ich Idiot mich nicht zusammengerissen, bis ich drin gewesen bin, da wär' mir doch noch genug Wild vor die Flinte gerannt, und eh die es geschafft hätten, die Bullen zu rufen, hätte ich eine sensationelle Quote hingelegt. Fuck!, ich möchte so gern paar von diesen arroganten Vögeln umlegen! Ihr habt mich genug, lange genug, fertiggemacht! Aber wartet nur, ich komme schon irgendwie rein zu euch, was ist mit dem Kellerfenster da, scheiße, zu klein. Also erst mal ein paar Schritte zurück und volles Rohr auf die Fenster im ersten Stock draufhalten. WAMM WAMM WAMM, da splittert das Glas, da schreien die Wichser vor Angst, jetzt wird abgerechnet, und mit der Glock ein ganzes Magazin auf den Parkplatz, da kommen nämlich schon die Bullen, BLAMM BLAMM BLAMM, liegt gut in der Hand so eine Glock, also misch ich eben die Bullen auf, wenn ich nicht in die Schule reinkomme. PENG PENG, da schießen die doch sofort auf mich, ganz anderer Sound die Bullenknarren, viel leiser und höher, Mensch, reißt euch zusammen, ich bin doch fast noch ein Kind, ZIPP ZING DING, da pfeifen die Kugeln an mir vorbei, prallen gegen den Metallzaun an der Raucherinsel. Ich marschier einfach weiter, knalle ein zweites Magazin leer, sehe die Bullen wegspringen, in Deckung gehen, mindestens einen hab ich erwischt, schön, wie mein offener Ledermantel weht, ihr könnt mir gar nichts, ihr Schweine! Bloß gut, dass ich in Übung bin. Runter in die Hocke und mit der Pumpgun aus paar Meter Entfernung direkt auf den Motorblock des einen Bullenautos gedonnert, WUMM, ich sehe, wie die Motorhaube aufspringt, ZIPP ZING ZING pfeifen die Kugeln über mich hinweg, Schüsse höre ich keine, so dröhnen mir die Ohren, sind schön blöd die Bullen. Brauchen erst mal 'ne Weile, um sich auf mich einzujustieren, wie ich da so am Boden hocke und WUMM mit dem zweiten Schuss meiner Pumpgun den Motor hochjage, ein schöner Flammenball ist das, die Karre hebt's sogar ein kleines Stück an, sag mir noch mal einer, so was geht nur im Film, ein Bulle rennt brennend und schreiend an mir vorbei, und ich will ihm den Gnadenschuss geben, aber das Magazin ist leer, KLICK

KLICK macht die Pumpgun, KLICK KLICK macht die Glock, und während ich noch mit einem wohligen Gefühl in der Magengrube zusehe, wie der Bulle sich brennend am Boden wälzt, und ich meine beiden Lieblinge mit Patronen füttere, wird mein Blickfeld plötzlich rot. ZACK, da haut's mich von den Beinen, wo kommt das her?, drüben auf dem Dach des Wohnhauses liegt einer mit einem Gewehr, Zielfernrohr wahrscheinlich, sind echt auf Draht, die Wichser. Ich habe nachgeladen, schieße den Typen vom Dach runter mit der Glock, inzwischen hat der mich aber schon ein zweites Mal erwischt, paar nehm' ich noch mit, dann GAME OVER.

Scheiße! Ich knalle die Maus paar Mal auf die Tischplatte. *Bodycount: 5* steht auf dem Bildschirm. *Schüsse: 66*, in Klammern: *55 Glock, 11 Pumpgun. Sprengsätze: keine.* German Amok. Da will man was Gutes tun, bläst diesen Dealer weg, um dann so erbärmlich zu scheitern. Dabei hab ich alles gut vorbereitet, es war gar nicht so einfach, an den Waffenschrank von Vati zu kommen, also ihm den Schlüssel abzuluchsen. Die Macher von *German Amok* haben sich da wirklich was einfallen lassen (Nicht umsonst gab *PC Action* dem Spiel 94 %!). Ich meine, rumballern ist das eine, aber man braucht auch bisschen Köpfchen, bisschen Strategie, als ich es zum ersten Mal versucht habe, wurde ich schon festgenommen, da war ich kaum aus dem Haus mit meiner Sporttasche und dem schwarzen Ledermantel. Hat einfach zu viel Lärm gemacht, wie ich Vatis Waffenschrank mit der Axt aufgebrochen habe. Aber das ist nicht der einzige Weg, an ordentliche Wummen zu kommen, ich kann mich auch vollkommen legal in einem Schützenverein anmelden und eine Waffenbesitzkarte beantragen, hab ich dann auch gemacht. Dort holst du dir nämlich die Übung am

Schießstand, vor allem bewegliche Ziele sind sauschwer. Ein Bekannter hat mir mal erzählt, und der hat auch mit Robert gespielt, genau wie ich (die meisten spielen es mit Robert, habe ich gehört, obwohl auch die Austauschschüler Eric und Dylan sehr beliebt sind), dass er beim ersten Mal einfach mit der Axt losgezogen ist, einfach nur die Axt unter die Jacke und dann rein in die Abiturprüfungen. Ich weiß nicht mehr, was der für einen Bodycount hatte, bevor sie ihn stoppen konnten, aber war schon beeindruckend. Aber ich finde, das ist Kinderkram, mit Axt und so. Das Wichtigste sind schon die Knarren. Obwohl, in Köln-Volkhoven ist mal ein Typ, 1964 war das, nur mit einem selbstgebastelten Flammenwerfer und einer Art Speer in eine Schule reinmarschiert, Bodycount 12, und das ohne einen einzigen Schuss! Aber der passt nun gar nicht ins Profil von *German Amok*, war nämlich ein alter Sack, der vollkommen durchgedreht ist, obwohl, so alt kann der noch gar nicht gewesen sein, Mitte vierzig glaub ich, aber im Vergleich zu Robert und den anderen ist das schon sehr alt. Seine Frau war bei der Entbindung gestorben, und er hat den Ärzten die Schuld gegeben und die Wut drei Jahre mit sich rumgeschleppt, Briefe an Pharmafirmen und Ärztekammern geschrieben, und dann plötzlich baut er einen Flammenwerfer. Ich bin mir sicher, dass die Jungs von *German Amok* den Fall gekannt haben müssen, denn im Keller von Roberts Haus finde ich jede Menge Gerümpel und Zeug, Chemikalien, Spiritus, eine Pumpe für Unkrautvernichtungsmittel, und ich habe schon angefangen, so ein Teil zu bauen, bin aber nicht weitergekommen, obwohl ich Robert zur Vorbereitung in einen Heimwerkerabendkurs geschickt habe. Also ich bin … ich meine Robert natürlich, also der ist schon bisschen anders als in Wirklichkeit, ist ja klar, auch wegen der Rechte und der Pietät und so, da kann man nicht alles eins zu eins übernehmen. Ich sitz jetzt schon seit Wochen vorm Rechner und versuche, in eine der Schulen zu kommen, die zur Auswahl stehen, aber das ist wirklich nicht einfach, Vorbereitung ist alles. Einmal habe ich im Internet, also in dem Mini-Internet im Spiel, einen Abschiedsbrief veröffentlicht, denn mir war schon klar, dass ich da nicht lebend wieder rauskomme, kurz bevor ich mit meiner Ausrüstung losgezogen bin, hab ich den reingestellt, aber eben doch etwas zu früh, denn vor der Schule warteten schon die Bullen auf mich. Hab ich mir mit denen ein wirklich episches Feuergefecht geliefert, aber das ist ja nicht Sinn der Sache. Ich konnt sogar in den Zeitlupenmodus schalten, das ist ein Bonus, den erhält man, wenn die Planungsphase ordentlich abgelaufen ist, und das ist sie ja auch, bis auf diesen blöden Fehler mit dem Brief, da muss man nämlich ein Programm kaufen, also im Computerladen in Roberts Stadt, das diesen Brief dann zeitverzögert ins Netz stellt (man kann natürlich auch den guten alten Papier- und Kugelschreiberkram machen, aber das ist ja nun wirklich uncool), aber das wusste ich da noch nicht. Den Zeitlupenmodus kann ich einstellen, wenn ich mich im Kampfmodus befinde und mit meinen Kanonen ordentlich rumrotze, dann bewegt sich alles um mich herum in Zeitlupe, also die Bullen und meine Opfer, ich aber bewege mich in Echtzeit, sehe, wie die Kugeln sehr langsam auf mich zuflitzen, und kann schön ausweichen und sehe, wie meine Kugeln auch sehr langsam in die Körper und Autos einschlagen, mit der Pumpgun ist das am spektakulärsten, ein wahres Todesballett wie bei John Woo oder Sam Peckinpah. Im Internet, also im richtigen Internet, haben die Jungs

64

von *German Amok* ein Forum eingerichtet, wo man sich austauschen kann, seine Ergebnisse und Erfolge veröffentlichen, man bekommt jede Menge hilfreiche Tricks, wo was versteckt ist, aber wenn man schon alles weiß, macht's ja keinen Spaß. Und im Spiel selbst gibt's auch ein Internetforum, ist vielleicht bisschen verwirrend jetzt, *Kinder der Apokalypse* heißt das, aber da kommt man nicht so einfach rein, denn da treffen sich Gleichgesinnte aus der ganzen Welt, das dauert ewig, bevor die einem vertrauen und das Passwort rausrücken, mit dem man in den *Death Force*-Bereich kommt, dort sind nur die, die kurz davor sind, wirklich ernst zu machen. Optimal läuft es, wenn man zwei, drei von denen dazu bringen kann, gleichzeitig mit dir loszuschlagen, also an den Schulen ihrer Stadt. Sind natürlich alle über achtzehn, denn das Spiel ist natürlich auch nur ab achtzehn zugelassen, wär' ja noch schöner, wenn da so Rotzer mitmischen würden, die das Ganze gar nicht richtig einschätzen können.

Du musst auch aufpassen, dass dein Agressionsbarometer nicht zu sehr absinkt, sonst nämlich GAME OVER, wenn man zum Beispiel der Nachbarin hilft oder der Süßen aus der Elften zu viele Liebesbriefe schreibt. Obwohl, ich hab das schon mal gemacht, und als die meine Briefe ihren Freundinnen gezeigt hat und die sich alle über mich lustig gemacht haben, war ich wieder voll im roten Bereich, und die waren die Ersten auf meiner Liste. Ist eben fast wie im richtigen Leben, manchmal kommen sie zu dir und wollen Bussi Bussi, und du siehst alles wie auf einem rosaroten Bildschirm, aber andermal verarschen sie dich voll, und meistens verarschen sie dich sowieso alle, da sind die Mädchen nur die Krönung. Dass geht bei deinen Mitschülern los, der Robert ist eben nun mal nicht so gut im Sport und ein Eigenbrötler sowieso, über die Lehrer, bis zum Direktor. Im Forum hab ich mal gelesen, wie einer den Direx ganz speziell erledigt hat. Wirklich nicht jugendfrei. Musste die Drecksau vor ihm rumkriechen im Direktorat, dann ins Klo und wieder zurück, da hat er den wirklich gezwungen, die dicke Sekretärin ... und eben noch den Kopf in der Schüssel, also wirklich nicht jugendfrei, und dann hat er den eiskalt durchs Fenster geschickt. Aber das war schon wieder ein Fehler, schrieb dieser Typ, der sogar mir ein kleines bisschen zu sadistisch war, dass er sich so lange mit dem Direx beschäftigt hat, denn so hat er nicht mehr richtig aufgepasst, kamen die Bullen von hinten, ZACK Headshot, GAME OVER. Dabei stand der angeblich vor der besten Leistung, die jemals jemand in *German Amok* erbracht hat ... Nur noch das obere Stockwerk war übrig. Hat sogar den Screenshot von seinem Bodycount ins Forum gestellt. Echt unglaublich.

Manchmal denke ich ... Moment, jetzt weiß ich doch plötzlich, woran mich vorhin dieses langgezogene »Genaaauuu. Duuuu« erinnert hat. Es gibt diesen Typen in der *Sesamstraße*, der trägt einen Trenchcoat und quatscht Ernie immer an, genau wie dieser Dealer mich vorhin angequatscht hat. »Heeeh, duuu!«

»WAS, ICH?«

»Psssst. Nicht so laut!«

»Was, ich?«

»Genaaauuu.«

Manchmal denke ich, dass ich auch, zumindest früher, genau ins Profil gepasst hätte. ROBERT. Ich bin nämlich eine Zeitlang mit zwei Messern zur Schule gegangen, eins davon war echt riesig, das hatte ich in meinem Aktenkoffer (wer mit Aktenkoffer zur Schule geht, passt sowieso ins Pro-

66

fil), das andere, ein Wurfmesser war das, trug ich im Strumpf. Das war aber nicht wegen meines Direx oder der Lehrer. Ich musste auf dem Schulweg an paar Ecken vorbei und paar Leuten vorbei … aber lassen wir das. Obwohl ich mir oft vorgestellt habe, wie ich meinem Direktor das Teil, also dieses Riesenmesser, in den Wanst jage. War nämlich echt ein Arschloch, der Typ. Hat mich schikaniert, wo er nur konnte, paar andere Lehrer auch, haben versucht, mich durchs Abitur fliegen zu lassen, diese Schweine, ich gebe zu, ich war vielleicht etwas schwierig, aber das ist ja auch ein schwieriges Alter, so zwischen sechzehn und neunzehn. »Das ist eines Gymnasiasten nicht würdig!« Nur so einen Scheiß durfte ich mir anhören, sie meinten meine Gerichts- und Polizeivorladungen, ja, mein Gott, wir alle machen mal Fehler, und was heißt hier Fehler, jetzt tut bloß nicht so, als würde das Leben immer auf der geraden Bahn ablaufen. Als ich die Löschung eines Direktorenverweises beantragen musste, die bringen einem den Bürokratenscheiß schon in der Schule bei, habe ich den Antrag am Morgen auf einen Zettel geschrieben, per Hand, versteht sich, das war so 1995, damals hatte nicht jeder einen Computer oder eine Schreibmaschine, also eine Schreibmaschine hatte ich schon, aber die nahm ich nur für meine Gedichte und Geschichten; ich gebe den Zettel im Sekretariat ab, gehe in den Unterrichtsraum hoch, denke mir nichts Böses, der Unterricht beginnt, Russisch oder Deutsch, soweit ich mich erinnere, und nach vielleicht zehn, fünfzehn Minuten kommt der stellvertretende Direktor rein (ein Trinker war das übrigens), ich werde ins Direktorat geholt, und dort nehmen sie mich richtig in die Mangel, die perversen Schweine, zeigen mir ihre Macht, spielen ihre Spielchen. »Sie wollen uns also beleidigen, Herr Meyer?«

»Und nichts anderes als eine Beleidigung ist dieser Wisch hier, da sind Sie unverfroren genug, um uns so etwas zuzumuten.«

»Sie wissen, dass wir Sie deswegen von der Schule nehmen könnten, und vielleicht sogar müssen.«

Ich stehe, und die sitzen in ihren Ledersesseln um mich rum. »Sie haben anscheinend nicht den Wunsch, hier weiterhin am Unterricht teilzunehmen.«

War eine ganz schöne Drecksbande, aber meine Messer habe ich nicht benutzt, eins hatte ich ja so am Strumpf befestigt, dass ich blitzschnell *Zugriff* bekomme.

Manchmal denke ich, falls ich doch irgendwann mal, muss ja keine Schule sein, bin ja raus aus dem Alter ... also wenn die dann meine DVD-Sammlung durchschauen, würden die einiges finden, was denen in den Kram passt, *Motiv,* mein ich jetzt. In Deutschland indiziertes Zeug, das ich mir in Amerika oder übers Internet besorgt habe. In *German Amok* gibt's eine Videothek, ganz versteckt in einem Hinterhof, anfangs haben die nur wenige gefunden, das war eine Sensation im Forum, und in diesen Laden bin ich jetzt wieder mal mit Robert, und da gibt's viele von den Sachen, die ich auch im Regal stehen hab. Ich habe natürlich auch andere Filme, die Klassiker, New Hollywood, die Großen des Stummfilms, Woody Allen, Ingmar Bergmann, Buñuel, jede Menge Film Noir, Western von gestern und heute, aber Robert interessiert sich nur für die Horror- und Splatter-Ecke, *Tanz der Teufel 1* und 2, *Freddy, Freitag der 13., Last House on the Left, Ichi der Killer, Ein Zombie hing am Glockenseil, Killer Klowns from Outerspace* (IN SPACE THERE IS NO ICECREAM!), *Zombie, Texas Chainsaw Massacre, My Bloody Valentine* ... also das wird ein lustiger Videoabend. Und ich ziehe sogar noch *Salo – die 120 Tage von Sodom* aus dem

Regal, Pasolini, das ist ja nun richtige Kunst, obwohl ungeschnitten schwer zu kriegen und ziemlich übel, mit Scheißefressen und … also selbst für mich ziemlich heftig. Und das Verrückte ist, der Typ, der das ganze Zeug verleiht, sieht irgendwie aus wie Tarantino, weiß man ja, dass der auch mal in einer großen Videothek gearbeitet hat. Und wie schön das Aggressionsbarometer dann nach oben schnellt. ROBERT KOMMT. Aber nee, so schnell geht das nicht, und das ist das Intelligente an *German Amok*.

Das hat nicht viel zu tun mit den primitiven Ballerspielen, die es so gibt, *Call of Duty*, *Hitman*, *Wolfenstein*, *Max Payne 1* und *2*, da kenn ich mich zwar nicht so aus, aber bei denen wird von Anfang an draufgeballert, dass die Köpfe fliegen und die Innereien nur so quellen. Das macht vielleicht eine Zeitlang Spaß, aber irgendwie muss das einen doch abstumpfen. Aber bei ROBERT & Co. dauert es eine Weile, bis es richtig zur Sache geht. Ich sprach ja schon von der nötigen Planung und dem Fingerspitzengefühl, das man braucht, bis man überhaupt erst mal mit der nötigen Wut und diesem dumpfen Gefühl der Ausweglosigkeit in die Schule rennen kann, die Knarre im Anschlag. Da bist du am Ende, nach der langen Warterei, so was von begierig drauf, den Drecksäcken alles, aber auch alles heimzuzahlen, einmal hab ich's nicht ausgehalten und meine Mutter umgenietet, weil die sich einen Scheißdreck für meine Probleme interessiert hat und mich zu irgendwelchen Seelenpfuschern schicken wollte, aber das war, muss ich zugeben, die falsche Kanalisierung (sagt man das so?) meiner Wut. Und natürlich sofort GAME OVER. Wobei ich das dann auch wieder als zu harte Strafe empfand. Warum haben die nicht die Möglichkeit eingebaut, dass ich meine Eltern, oder vielleicht sogar die ganze Familie, umnieten kann, bevor ich mich zum finalen Rachefeldzug rüste. Ja, o.k., es sind deine Eltern, da sollte man sich vielleicht schon etwas zusammenreißen, und die, die dich am meisten fertiggemacht haben, die auch nicht einen Hauch von deiner Stimmungslage kapiert haben, sind nun mal in der Schule.

Da hab ich ja fast jeden Tag zugebracht in den letzten Jahren. Einmal steh ich auf dem Gang mit dem einzigen richtigen Freund, den ich in der Klasse habe, und wir quatschen so dies und das, da lachen die Mädels tatsächlich über uns, diese Gruppe der ganz Hübschen, ich kann's sehen und auch spüren, das tut weh, manchmal träum ich, wie ich die alle richtig durchficke, richtig hart, wie ich die richtig einsaue, aber am schönsten ist's eigentlich, wenn ich mir vorstelle, wie ich mit Sonja ins Kino gehe, und dann heißt es, wir sind schwul, obwohl Sonja genau weiß, dass es nicht so ist, weil ich ihr doch schon geschrieben hab, und dann tauchen so Zettelchen auf, und sie lacht und kichert ... vor paar Monaten war's mein Liebesbrief, alle haben den gelesen, »die sind schwul, weil sie keine abkriegen«, also ich sag's euch, das ist nicht schön, tut weh. ROBERT KOMMT.

Und ich lege den Dealer nicht um. Hab ja gelernt aus meinen Fehlern. Und diesmal auch schöne Glastüren. Made in Winnenden. Die sind zu. BUMM BLAMM BLAMM, ein Regen aus Glassplittern, und drin bin ich. Ziehe mir noch schnell die schwarze Maske vors Gesicht. Und dann ab durch die Gänge, bei jedem Schritt scheine ich zu wachsen, in die Breite und die Höhe. Die Kanone im Anschlag. Tunnelblick. Fadenkreuz auf meinem Bildschirm. Erste Tür aufgerissen. Aber der Klassenraum ist leer. Nächste Tür aufgerissen. Auch leer. WAS VERDAMMT NOCHMAL

IST HIER LOS. Da hängt ein Kalender neben der Tafel. Ich werd irre, Wochenende, Samstag, ich hab die Kontrolle über die Zeit verloren. Der Mittwoch ist schwarz angekreuzt. Ich brülle vor Wut, dass es mich fast zerreißt. GAME OVER.

11. März 2009.

Auf der Suche nach dem sächsischen Bergland

Ich suche die Berge. Ich fahre mit der S-Bahn bis weit vor die Stadt, wo ich glaube, dass die Berge sein müssen. Grüne Hügel, ein großer See, und hinter dem See und den Hügeln das sächsische Bergland, zerklüftete Felsen, nicht sehr hoch, aber mit weiten Hängen. Es gibt dort eine Stelle, der untere Punkt eines V, da will ich stehen und links und rechts dieses Bergland sehen, wie es weiter und höher wird, und Wälder. Auf dem Weg dorthin muss ein Haus sein, direkt neben dem Bahndamm. Die Dachziegel sind schwarz und verwittert, dort wohnt keiner, aber die Fensterläden stehen offen und hängen schief an dem Mauerwerk. Ich bin als Kind mehrmals in diesem Haus gewesen, das ist alles, was ich noch weiß. Ich stehe immer oben an einem der Fenster der doppelstöckigen S-Bahn, lege die Hände neben meinen Kopf an das Glas, aber vielleicht fahren wir zu schnell oder die Strecke hat sich geändert. »Clemens!« Jemand ruft meinen Namen. Aber das ist kein Rufen, ein heiseres Krächzen, und ein Gestank plötzlich, wie faulendes Fleisch, dass ich in meinen Taschen nach der kleinen Flasche suche und mir den Schnaps unter meine Nasenlöcher reibe, ohne meinen Kopf von der

Scheibe zu nehmen. An den Rändern meines Blickfelds spiegelt sich etwas, steht da jemand hinter mir?, nein, zu klein, eine Art Schatten, leicht gekrümmt, aber ich drehe mich nicht um. Straßenzüge draußen. »Clemens!« Nein, ich kann jetzt nicht, ich muss dieses verdammte Haus finden, bevor wir in den Bergen sind. Ich kann nicht Tag für Tag die Strecke abfahren und das Haus suchen, den Kopf an der Scheibe. Es muss schön sein, jetzt im Juli, an diesem großen See. Und wenn das der Kontrolleur ist? Ich wühle wieder in meinen Taschen, ich weiß, dass ich einen Fahrschein gekauft habe auf dem Hauptbahnhof an einem Automaten, ich hatte nur Zwanzig- und Zehn-Cent-Stücke, und die klimpern ohne Pause in den Schlitz, mit beiden Händen werfe ich immer schneller nach, aber die Münzen reichen nicht, wie ist das möglich, ich hatte doch mein Sparschwein zerschlagen zu Hause, bevor ich die Berge und das Haus mit den verwitterten Ziegeln suchen wollte. Ich breche den Vorgang ab, dafür gibt es eine rote Taste mit einem c, ich weiß nicht, was das bedeuten soll, c wie Cent vielleicht, aber nein, das ergibt keinen Sinn, etwas Englisches sicher, und das Geld klimpert in den Schacht, die kleine Tür hat jemand rausgerissen, und etliche Münzen springen auf den Steinboden des Bahnsteigs. Ein Mann sitzt auf einer Bank und sieht mir zu, wie ich die Münzen wieder einsammle. Aber ich weiß nicht genau, ob er mich beobachtet, denn er trägt eine dunkle Brille, hält den Kopf aber in meine Richtung geneigt. Plötzlich kippt sein Kopf auf seine Brust, und ich sehe, dass die Haut seines Gesichts leicht gelblich ist, ungesund sieht das aus, und kurz scheint mir dieser faulige Geruch wieder da zu sein, meine S-Bahn fährt bald, und der Mann rutscht ein wenig zur Seite, liegt halb auf der Bank. Vielleicht ist er eingeschlafen. Ich stopfe die Münzen in meine Taschen und laufe weiter in den Bahnhof hinein. Die Halle mit den Fahrkartenschaltern ist auf der unteren Ebene. Aber sind es die Fahrkartenschalter, die ich suche? Ich höre das Flattern von Tauben und blicke hoch zu dem Glasdach, das sich über die Bahnsteige wölbt. Da sind keine Tauben. Schon lange sind keine Tauben mehr in unserem Bahnhof. Früher war das Glas dort oben dunkel und schmutzig und zerbrochen, so dass die Tauben ihren Weg hinein fanden. Aber wieso ist keine einzige mehr da? Die großen, stählernen Torbögen, durch die die Züge ein und aus fahren (Kopfbahnhof! Der größte Europas!, hieß es früher), sind offen. Vielleicht kommen nachts, wenn der Bahnhof fast leer ist, die Taubenjäger, mit großen Netzen werden die Verirrten eingefangen, neben McDonald's ist eine kleine Tür, die führt direkt ins Fleischkühlhaus.

Langsam gehe ich an den vielen Bahnsteigen vorbei. Es ist gegen Mittag, irgendwann im Juli, und sehr viel Licht fällt durch das Glasdach. Die Berge, ich muss doch die Berge suchen, diese Stelle am Scheitelpunkt des V, von dort muss man einen wunderbaren Blick über die felsigen Hänge und die Wälder haben. »Clemens! Cleeemens!« Nein. Lautsprecheransagen. »Der Intercity-Express ... zur Weiterfahrt nach Berlin-Gesundbrunnen ... aufgrund einer Betriebsstörung ... zwanzig Minuten Verspätung.« Menschenmassen. Bahnsteig 11. Dort stehen sie dicht gedrängt und warten auf den Zug nach Berlin, aus München kommt der, ein weiter Weg, da kann viel passieren unterwegs. »Ladies and gentlemen, this is a non smoking station!« Bitte hör doch endlich auf, meinen Namen zu rufen, dass es in der Halle und mir in den Ohren dröhnt! Aber wer ...? Ich will es nicht wissen, aber weiß es doch. Vielleicht sollte ich nach

Berlin fahren, eine Stunde zehn Minuten, in der Zeit ist man mit der S-Bahn kaum raus aus der Stadt.

Vor ein paar Jahren, das muss 2003 gewesen sein, im Herbst, da hatte ich gerade mein Studium am Deutschen Literaturinstitut beendet, habe ich ein paar Wochen, oder waren es Monate?, nachts in den Zügen und S-Bahnen gearbeitet, habe sie saubergemacht, eine richtige Reinemachbrigade waren wir, einer kehrte, einer wischte, einer putzte die Fenster, einer die Klos, einer leerte die Abfallbehälter. Die Klos waren begehrt, die brachten Zuschläge. Ich laufe ein Stück über den langen Bahnsteig, der plötzlich leer ist, aber wahrscheinlich bin ich auf einem anderen, 13 oder 14, den Zug hätte ich doch ankommen und abfahren gehört, ich blicke zu dem großen Rundbogen am Endes des Bahnsteigs, sehe den Himmel und Häuser hinter einer langen Mauer und das Wirrwarr der glitzernden Schienen. Dort sind wir marschiert in den Nächten, immer an den Gleisen entlang, vom Bahnreinigungswerk, wo wir uns trafen zu Schichtbeginn, ein, zwei Kilometer entfernt, bis zum Bahnhof und zurück. Ich war kein guter Kehrer, das haben sie mir immer wieder gesagt. Eine Kontrollkommission war manchmal hinter uns her, kontrollierten jeden Dezimeter Boden, sie leuchteten mit Taschenlampen von innen gegen die gesäuberten Scheiben, seltsam sah das aus von außen, wenn wir bereits in Richtung des nächsten Zuges unterwegs waren, wie riesige Glühwürmchen, die durch die Waggons flatterten, bis sie dann plötzlich wieder verschwanden; zwischen den dunklen Zügen sah ich manchmal die Taubenfänger, die Netze eingerollt.

Ich stehe vor der Bar, gleich neben der großen Treppe, die auf die untere Ebene führt. Unterhalb der Treppe liegt die Halle mit den Fahrkartenschaltern, davor lange Schlangen, die in seltsamen Mustern durch die Halle führen und sich kreuzen. Ich betrete die Bar. Vor etlichen Jahren haben sie alles renoviert und umgebaut, der Bahnhof ist ein riesiger Einkaufsmarkt geworden, die Züge rattern durch Aldi und Plus und Bekleidungsgeschäfte.

Ein paar Männer hocken am Tresen und trinken Bier. Eine ältere Frau sitzt alleine an einem der Tische neben den Fenstern, durch die man auf die Treppe sehen kann und in das Friseurgeschäft auf der anderen Seite der Treppe. Ich sehe eine Frau dort, die einen Mann frisiert, der sehr lange Haare hat. Ich kann die Schere erkennen, in der anderen Hand hält sie einen schwarzen Kamm. Ich weiß nicht genau, ob es diese Bar schon immer gab. Wenn ich früher mit meinen Eltern verreiste, waren wir manchmal in der Mitropa gegenüber der Bahnsteige, dort ist jetzt ein Zeitungsladen, der riesige Glasleuchter hängt noch an der Decke. Das war ein großer Raum mit vielen Tischen, Stufen führten zum Tresen. Ein goldenes Licht ist in meinen Erinnerungen, aber vielleicht sind das die unzähligen großen Biere auf den Tischen. Sind wir nicht von dort aufgebrochen ins sächsische Bergland, das ich suche? In der Bar ist es düster, die Frau redet, wahrscheinlich mit sich selbst, blickt dabei rüber zu dem Friseurgeschäft, nickt der anderen Frau zu, die Haare des Mannes werden kürzer, wie schnell das geht. Ich setze mich auf einen der Barhocker. »Ein Bier, bitte.« Ich kenne die Bedienung, schwer zu sagen, wie alt sie ist, es ist immer dieselbe, auch wenn ich hier nicht oft trinke. Bis um elf hat die Bar geöffnet, meistens gehe ich ins *Brick's*, wenn ich abends oder nachts von meinen Reisen komme. Sie stellt das volle Glas auf einen Pappuntersetzter auf den Tresen; drei Frauen: die Alte, die Friseurin gegenüber und die Bedienung. Ich nehme das Glas, es ist kalt und feucht, das Bier schimmert in diesem seltsam goldenen Licht der Mitropa, die vielen Lämpchen des riesigen Kronleuchters. »Prost, Clemens.« Ich drehe mich um, und da sitzt er, im Schatten, an einem kleinen Tisch in der Ecke, direkt neben den Klos.

War der Tisch nicht leer gewesen? Aber das ist es nicht, was mir Angst macht, wir sind auf dem Hauptbahnhof, die Menschen kommen und gehen, fahren und verschwinden und warten. Und ich weiß, dass ich die Berge heute nicht mehr in der Abendsonne sehen werde, Juli 2009. Ich stehe auf und nehme mein Bier. Die Barfrau blickt mich an, und ich sage: »Bringen Sie uns noch zwei Braune, bitte.«

Ich setze mich zu ihm. Seine Arme sind so unglaublich dünn, dass sie kaum das Bierglas halten können, aus dem er in kleinen Schlucken trinkt. Er nickt mir zu, und ich nicke zurück, aber das ist nur das stetige Zittern seines Kopfes, wie ein magerer Apfel sieht der aus auf einem dürren, langen Stiel. »Hab ich dir mal von dieser Frau erzählt, mit der ich nachts in den Zügen gearbeitet habe? Wie die sich eingepisst hat, weil sie sich nicht getraut hat, die saubergemachten Klos zu benutzen, ein dunkler Fleck auf ihrer blauen Latzhose. Das habe ich nie verstanden, wieso die nicht einfach auf eins der Klos gegangen ist ...«

»Angst«, sagt er. In seinem Bierglas schwimmen Fliegen, und er trinkt. »Du hast da ...« Ich tippe an meine Lippe, und er wischt sich eine von diesen schillernden Fliegen weg, sie krabbelt über seine dürre Hand, und er streift sie an der Tischkante ab. Ich sehe eine andere Fliege in dem strohigen Haarbüschel und den Hautschuppen auf seinem Kopf. Die schimmert grün. Ich will da nicht länger hinsehen, sie reibt die Vorderbeinchen aneinander, ein kaum hörbares Zirpen, aber das kann sonst wo herkommen. »Bist du auf Reisen«, fragt er, »wieder mal?«

»Kannst du dich an dieses Haus erinnern«, sage ich, »irgendwo an der Strecke nach Markkleeberg, Altenburg? Ein Garten davor, Fenster mit Fensterläden und die Dachziegel ganz schwarz verwittert.«

»Haben wir da Fußball gespielt?«

»Ich weiß es nicht«, sage ich, »ich kann mich einfach nicht erinnern.«

»Ich hab dich schon die ganze Zeit gerufen«, sagt er.

»Ich weiß.«

»Und du bist nicht einmal gekommen.«

»Doch«, sage ich, »einmal war ich da.« Ich höre Kinderstimmen hinter mir und drehe mich um. Zwei kleine Mädchen, höchstens zehn Jahre alt, sitzen an dem Tisch, an dem die alte Frau vorhin noch gesessen hat, sie stecken die Köpfe zusammen und lachen, nein, nur die eine lacht, das andere Mädchen weint, hat schon ein ganz rotes Gesicht davon. Ich kenne das Gesicht, hab ich es nicht in einer Zeitung gesehen?, nicht nur einmal, aber ich will jetzt nicht drüber nachdenken, zu viel stimmt nicht mehr. Das lachende Mädchen streicht ihr durch die Haare, die Barfrau stellt zwei rote Limos vor sie hin, dann kommt sie mit dem Tablett und zwei Gläsern Braunen zu uns. »Der geht aufs Haus, BB«, sagt sie. Ich bin froh, dass sie seinen Namen sagt, BB wie Big Boy, denn dann kann ich noch nicht ganz verrückt sein. Wir heben unsere Gläser. »Einmal«, sage ich, »einmal war ich bei dir!«, und er trinkt. Ich tippe mit zwei Fingern in den Schnaps und reibe ihn unter meine Nasenlöcher, weil ich es sonst nicht mehr aushalte.

Ich bin aus der S-Bahn gestiegen, das war, bevor ich anfing, die Berge zu suchen, und ein, zwei Kilometer in der heißen Sonne gelaufen und war nicht vorbereitet auf diesen Geruch. Ein flacher, zweistöckiger Gebäudekomplex in der Form eines eckigen U, mit viel Grün drum herum, ein Garten im Inneren des U, das sehe ich später, als ich auf dem Balkon, der eher einer große Veranda ist, sitze und rauche und den Rest von meinem Braunen trinke. Seine Mutter sitzt neben mir, auch sie raucht, und wir blicken schweigend in den Garten, nein, wir haben doch die ganze Zeit erzählt, weil wir nicht schweigen konnten. Auf einem der Nachbarbalkone, eigentlich ist es ein einziger großer Balkon, eine große Veranda, die von Zimmer zu Zimmer führt, sitzt ein Mann und hört Musik aus einem Kofferradio. Chris Norman, *Midnight Lady*. Ich mag Chris Norman, habe eine ganze CD-Box von ihm. Ich stehe vorm Bett und blicke auf ihn runter. Zwinge mich dazu, und der Schnaps tropft mir aus den Nasenlöchern.

»Und, spielen wir 'ne Runde?« Er legt Karten auf den Tisch, schiebt die Gläser zur Seite. Züge und Berge, Sommer, die Leute fahren an den See, Lautsprecheransagen und Menschen auf der Treppe, der Friseursalon ist dunkel und leer. »Eine Schande«, sage ich, »es ist eine verdammte Schande. Eine Frechheit, eine unglaubliche Frechheit!«

»Was?« Er gibt mir fünf Karten. »DAS!« Ich kann es nicht begreifen und will es nicht akzeptieren, wie er da so liegt. »Clemens!« Ein gequältes Krächzen, sein Mund und sein Gesicht scheinen geschrumpft, erinnern mich an das Schnäuzchen einer Maus, einzelne Barthaare auf der Oberlippe. Er erkennt mich, sein Körper krümmt sich, und die Decke verrutscht. »Clemens!« Ich weiß nicht, wie ich die Dinge zusammenbekommen soll, alles bewegt sich in mehrere Richtungen, immer schneller, und dann plötzlich wieder ganz moderat, dass ich Luft holen kann; ich, und wahrscheinlich nicht nur ich, sondern auch die *anderen*, befinden sich in einem von diesen Gravitationsstrudeln, von denen Stanislaw Lem in seinen *Sterntagebüchern* schreibt, der Weltraumreisende Ijon Tichy sieht und trifft sich selbst, während er durch sein Raumschiff irrt, dessen Körper er reparieren muss, und die beiden Mädchen halten sich an den Schultern und schieben ihre Limogläser über den Tisch.

Ein Mensch, wie eine Strohpuppe so dünn und auch so gelb. Seine Schwester sitzt neben ihm auf einem Stuhl und hält seine Hand. Ich stelle eine kleine Flasche Braunen auf den Nachttisch, die ich vorher auf dem Bahnhof gekauft habe. War ich nicht dort in der Bar gewesen und habe getrunken, weil ich nicht die Kraft habe, zu ihm zu gehen? Wann habe ich überhaupt angefangen, mit der S-Bahn vor die Stadt zu fahren und zu suchen?

Wir spielen, die Karten fühlen sich sehr glatt an zwischen meinen Fingern, was spielen wir überhaupt? Poker? Texas Hold'em wie auf BBs Balkon, als er ein paar Monate zu Hause war und dachte, er könnte *bleiben,* und ich noch den Mut hatte, ihn ab und an zu besuchen (Wir haben Fußball geguckt, EM 2008, und ich habe mich nicht getraut, von der nächsten EM oder WM zu erzählen, das große Poster mit den Ergebnissen, die er selbst eingetragen hat, hängt heute noch an der Tür seines Zimmers, in dem jetzt sein Bruder LB wohnt), oder Schwindelmäx oder Knack oder dieses seltsame Spiel namens *Fotze*?, die Bar ist leer jetzt, wir sitzen ganz alleine, selbst die Bedienung ist verschwunden. »Und ich habe gedacht, du bist mein Freund.«

»Aber verdammt nochmal, das bin ich doch!«, rufe ich und knalle meine Karten auf den Tisch, »wie könnte ich das jemals vergessen!« Aber ich habe viel vergessen in den letzten Monaten, weiß nicht mehr, wie die Dinge zusammengehören, weiß nicht mehr, in welche Richtung ich gehe, sehe mich selbst und manchmal doppelt in den Gravitationsstrudeln, irre über den Bahnhof und durch die Züge und S-Bahnen und durchs sächsische Bergland, sitze im *Brick's* und studiere die Zeitungen, reiße Artikel und Berichte über die scheußlichsten Verbrechen und Geschehnisse raus und sammele sie in den Innentaschen meiner Jacke und später in großen Mappen, ein paar hängen an der Pinnwand über meinem Schreibtisch.

Aber *das* musste ich nicht rausreißen, habe es aus nächster Nähe gesehen, aber manchmal macht das keinen Unterschied in meinem Kopf, es mischt sich und bewegt sich, und dazu kommen die Träume und die Stimmen in den Träumen, von denen schon der Schriftsteller und Menschen- und Seelensammler Walter Kempowski erzählte (aber der war fast fünfzig Jahre älter als ich und hat fast zehn Jahre im Knast gesessen und sich das Recht auf die Stimmen aus seinen Büchern und Recherchen im jahrelangen Wahnsinn seiner Arbeit redlich verdient), was ist wirklich? Ich weiß es nicht mehr.

Ein U-förmiges Gebäude mit einem großen Garten im Inneren des U. Berge sollten drum herum sein, mit weiten Hängen, aber dort sind Hochhäuser, Neubauten, die Büchertürme der Deutschen Bücherei, die großen, leeren Hallen des alten Messegeländes, die Tierklinik der Universität, eine orthodoxe Kirche mit einem goldenen Zwiebelturm ... Bin ich in die Kirche gegangen? Habe ich vielleicht geglaubt, dass ihm das helfen könnte? Ein Bild vor mir: Eine Frau steht im Inneren einer Kirche, die Wände sind voller Einschusslöcher, sie schreit die steinerne Maria an, beschimpft sie, »du Hure!«, bittet um Verzeihung, beschimpft sie wieder und klagt, es ist Krieg ... »Wo warst du, Maria?«

Aber ich bin nicht katholisch, und wir Lutheraner betreiben keinen Marienkult, der an sich schon Blasphemie ist, und von meinem Glauben sind nur noch Fragmente übrig wie von der zerschossenen Kirche, und auch dieses Bild, die Frau in der Kirche, ist ein geschriebenes, zumindest habe ich es gelesen, die kroatische Schriftstellerin Ivana Sajko hat es erschaffen, ein großes Bild, voll Zorn und Pathos, und ich will auch klagen und anklagen, voll Zorn und Pathos, obwohl kein Krieg seinen Körper verstümmelt hat (zweiunddreißig, du verdammtes Weibsstück, er ist erst zweiunddreißig!) ... komm doch bitte zu mir, in diese kleine Bar auf dem Leipziger Bahnhof, und bringt eure Bilder mit, Kempowski, Lem, Sajko, es spielt dort keine Rolle, ob ihr noch lebt (Frau Sajko lebt noch, ich will kein Unglück bringen. Sie hat irgendwo in den Bergen um Zagreb ein Haus, in dem wohnt sie mit ihrem Mann, der ist viele Jahre zur See gefahren. Wenn jemand, so um 2050, das hier liest, ist sie höchstwahrscheinlich schon tot und in irgendwelchen Gravitationstrudeln oder sitzt mit mir und ihrem Matrosen in dieser Bar.) ... »Clemens!«

»Hörst du, Big Boy, dein Freund war in Amerika, er ist gerade erst zurück.« Seine Mutter beugt sich zu ihm runter und zeigt in meine Richtung. Ich trete näher zu ihm ran und lege meine Hand auf die Decke. Seine Augen sind riesig und trüb in seinem geschrumpftem Gesicht, aber er erkennt mich, und er weiß nicht, dass ich seit Wochen aus Amerika zurück bin, nur ein paar Tage dort gewesen bin, Boston, New York und dazwischen wieder hier in der Stadt. Und ich habe keine Karte geschrieben, obwohl ich ihm vor Monaten versprochen hatte, von meinen Reisen zu schreiben. Es würgt mich, als wenn eine Faust mir vom Magen her in den Schlund greifen würde. Der Schnaps unter meiner Nase hilft nicht mehr, und ich trete wieder ein paar Schritte zurück, weil ich Angst habe, ihm auf die Decke zu kotzen. Er ist still jetzt, sein Kopf ist ins Kissen gesunken, und sein spitzer Kehlkopf zeigt auf mich wie ein Finger. »Warum bist du nicht gekommen, warum besuchst du mich nicht öfter, warum schreibst du nicht. Ich war noch niemals in New York ...«

Das Lied dröhnt durch die Bar, und er wippt mit den Schultern im Takt. Es gibt keine Entschuldigungen, keine Ausreden mehr. »Ich bin bei deinem Bruder und deiner Mutter gewesen, nachdem du tot warst.« (»Du musst über ihn schreiben«, hat sein Bruder gesagt. »Ja, irgendwann sicher.« Und ich habe auch ...) »Ich habe auch schon über dich geschrieben«, sage ich, »ohne dich hätte ich mein erstes Buch nie schreiben können, ohne die Zeit mit dir ...«

Er lächelt. »Hab ich dir mal erzählt, wie ich versucht habe, meinen Vater wiederzubeleben, vor vier Jahren? Wie ich auf ihm gehockt habe und alles versucht hab, aber er einfach nicht zurückgekommen ist?«

»Ja«, sage ich, »du warst nicht mehr derselbe danach.«

Er nickt. *Geht doch weg, ihr scheiß Fliegen, geht doch weg von ihm.* »Wirst du auf LB aufpassen?«

»Ja«, sage ich, »natürlich.«

»Wirst du aufpassen, dass ihm nicht alles entgleitet?«

»Ich werd's versuchen«, sage ich.

»Hab ich dir von meinem Vater erzählt? Wie ich auf ihm gehockt habe, früh am Morgen?«

»Du warst ... du warst nicht mehr derselbe ...«

Ist es das, denke ich, hat *das* in dir gefressen? War das einer der riesigen Würmer, die dich von innen ausgehöhlt haben, bis nur noch krankes Fleisch übrig war? »Kennst du diesen Film«, sage ich, »wo der Typ, Harvey Keitel spielt ihn, sagt, dass du für deine Sünden nicht in der Kirche, sondern auf der Straße bezahlst?«

Er kennt den Film nicht, behauptet es zumindest, und das wundert mich, denn manchmal denke ich, dass du *dann*, also *danach*, alle Filme und Bücher dieser Welt kennst, und vielleicht auch noch viel mehr; dass das, was von dir bleibt, wenn etwas bleibt, sich über alles legt. Und ich denke, und frage mich, ob er weiß, dass ich das denke, und deshalb sage ich es, kurz nachdem ich es gedacht habe: »Ein riesen Blödsinn ist das, du zahlst für deine Sünden weder in der Kirche noch auf der Straße, du zahlst für deine Sünden mit deinem Körper.«

Bumm, da scheinen die Gläser zu klirren in dieser leeren Bar auf dem Hauptbahnhof in der Stadt L, und ich weiß, wie vermessen das ist, so etwas meinem Freund BB, Big Boy, dessen Aura noch in einigen Jahren in den Steinen unseres Viertels stecken und sich verstecken wird, zu sagen. Aber er schweigt, selbst die Fliegen summen nicht mehr. Er scheint zu grübeln und sieht sehr stolz aus dabei, den Kopf erhoben im Dämmerlicht über der Bar, auf eine Hand gestützt, so dass ich nicht mehr an die riesigen Würmer denken muss, die seinen Körper zerfressen haben ... und auch nicht an die kleineren dieser Spezies, die da irgendwo auf diesem Friedhof am Rand der Stadt, der so groß ist wie eine kleine Kleinstadt, an ihm knabbern. Mir hat mal jemand erzählt, dass wir im Leben so viele Konservierungsstoffe mit der Nahrung zu uns nehmen, dass unsere toten Körper noch Jahre in der Erde liegen und leuchten, ja, leuchten, sagte der:

E 200 bis E 203 – Sorbinsäure und Sorbate (in Feinkostprodukten, Margarine, Marmelade, Mayonnaise und Wein).

E 210 bis E 213 – Benzoesäure und Benzoate (in Gemüsekonserven, Marinaden, Mayonnaise, Obstkonserven und Salaten).

E 214 bis E 219 – PHB-Ester und -verbindungen (in Fischmarinaden und Süßwaren).

E 220 bis E 227 – Schwefeldioxid und -verbindungen (in Gemüsekonserven, kandierten Früchten, Kartoffelerzeugnissen, Meerrettichkonserven, Wein und Trockenobst).

E 230 – Biphenyl (in Schalen von Zitrusfrüchten).

E 231 – Orthophenylphenol (in Schalen von Zitrusfrüchten).

E 232 – Natriumorthophenylphenol (in Schalen von Zitrusfrüchten).

E 233 – Thiabendazol (in Schalen von Bananen und Zitrusfrüchten).

E 236 bis E 238 – Ameisensäure und Formiate (in geräuchertem Fisch, Sauerkonserven, Zwischenprodukten von Fruchtsafterzeugnissen).

E 249 Kaliumnitrit – (in gepökeltem Fleisch, Fischprodukten und Käse).

E 250 Natriumnitrit – (in gepökeltem Fleisch, Fischprodukten und Käse).

E 251 Natriumnitrat – (in Käse, Fleisch und Fisch).

E 252 Kaliumnitrat – (in Käse, Fleisch und Fisch).

Und da leuchtet, nein, lächelt er mich an, E 253, und sagt: »Wie meinst du das, du bezahlst für deine Sünden mit deinem Körper?«

Und ich blicke auf seinen Körper, der kein Körper mehr ist; ist das nicht ein Unfug mit den Konservierungsstoffen, die ihn nicht konserviert haben und im Leben nicht konservieren können? Jetzt nicht, wo er da so liegt ... und weder Fisch noch Fleisch noch Käse und auch nicht Meerrettichkonserven und als Dessert die kandierten Schalen von Zitrusfrüchten zu sich nehmen kann? Und stolz ist er immer noch, in dieser Bar zwischen den Zeiten und vor allem hier auf dem Bett, auch wenn der Gestank immer stärker wird und seine Schwester, also keine Kranken-schwester, die gibt es hier nicht mehr, nur noch Sterbe-begleiter und -begleiterinnen, also seine Schwester, auf-steht und seine Decke halb zurückschlägt, und ich zurück-trete, weil ich seine so unglaublich dürren Beine sehe und nicht seinen verschrumpelten Penis sehen will und die schwarzbraune Brühe zwischen seinen Knochen, und ganz kurz muss ich an meinen alten sterbenden Hund denken.

»Nein!«, nuschelt singt flüstert er. Und dann verstehe ich so etwas wie: »Raus! Bitte, geht raus!«, reime es mir halb zu-sammen, »Ich will nicht, dass ihr mich so seht!«, denn ich weiß um seinen Stolz. Den ich immer wieder und jetzt und Jahre später noch anführe, und ich will nicht sagen *rühme*, scheiß auf das Pathos, denn noch muss ich die Dinge mit ihm ausfechten, in den Träumen, in den Bars, und überall, wo er noch leuchtet.

Ich will ihn rauslocken aus der Bar, will mit ihm über den Bahnhof laufen und ihm Züge zeigen in Städte, in denen er noch nie gewesen ist, und ins sächsische Berg-land vielleicht ... Ich habe eine Zeitlang geglaubt, dass die Seele nicht mitfährt, wenn man weite Reisen unternimmt, dass sie später nachkommt, wie die Indianer sagen, das ist in den ersten Monaten meiner Reisen so gewesen, so dass ich nicht richtig bei mir war und ständig Unfug anstellte und zu viel trank, und da müsste doch, im Umkehrschluss, die Seele, wenn man krepiert ist ... aber eigentlich will ich nicht drüber nachdenken, sonst spüre ich, dass da viel-leicht *nichts* ist, und alles nur esoterischer Scheiß, aber ich kann es doch, verdammt nochmal, sehen, *sehen*, dieses sächsische Bergland, dieses V, an dessen Scheitelpunkt ich den idealen Standpunkt noch immer suche …

»Ganz einfach ist das«, sage ich und staple die abgegriffenen Karten vor mir auf dem Tresen, sehe dabei das Ass mit dem winzigen Riss im Papier, habe das nie angemerkt, während unserer letzten Pokerrunden, damit er es erkennt, der Sterbende, der Strebende, und vielleicht seinen Vorteil daraus zieht, »vielleicht hat dein Körper für all die Gifte in all den Jahren bezahlt, mehr habe ich nicht gemeint, als ich sagte: ›Du zahlst für deine Sünden nicht auf der Straße, sondern mit deinem Körper‹!«

Und was ich nicht zusammenkriege, was kein Bild ergibt und keinen Sinn und keine Erklärung, hier nicht, und nicht im U und nicht im V, ist dieses zweiunddreißigjährige Gerippe und der Pitbull, der er vor zwei Jahren noch war, ein untersetzter, breiter Mann, gelernter Möbelpacker, *from the mean streets of east L.E., ladies and gentlemen,* aber haben die Würmer nicht schon eher angefangen zu fressen?, Alkohol, Drogen, Tod, und kein Weg raus aus diesem beschissenen Viertel.

Eine Krankenschwester kommt rein, um ihn sauberzumachen, natürlich gibt es hier doch Krankenschwestern, auch wenn die Krankheit das Sterben ist, wir gehen raus auf die Terrasse, seine Schwester, seine Mutter und ich. Dort sitzen wir in der Sonne und rauchen, erzählen so dies und das. Alles ist hell und weiß und auch bunt an diesem Ort, die Pfleger und Schwestern reden sehr laut und immer mit bewusster Fröhlichkeit und Lockerheit, ich denke, wie das wohl wäre, hier zu liegen und zu warten, zu warten, dass dein Gehirn sich abschaltet, bis das System herunterfährt, vielleicht ganz leise, vielleicht mit einer donnernden Melodie, wie Windows 95, 98, XP, Exitus.

»Wir haben uns zu wenig gesehen in den letzten Jahren«, sagt er, »bevor *das* mit mir passiert ist«, unsere Schnapsgläser sind wieder voll, es ist auch plötzlich wieder Betrieb in der Kneipe, ob die kleinen Mädchen da sind?, Gläser klirren, Stimmen, Trinkgefäße werden ausgespült hinter der Bar, Lachen, die üblichen Kneipengeräusche eben, was soll man mehr dazu sagen, New York, Leipzig, Lübben im Spreewald, immer die gleichen Geräusche und derselbe Geruch, nur der Tabakqualm fehlt seit wenigen Jahren, geraucht hat er bis zum Schluss (der Schriftsteller Wolfgang Hilbig, der vor Jahren und Jahre über diesen Bahnhof geisterte, und vielleicht sogar irgendwo hinter mir sitzt, hat kurz vor seinem Krebstod angefangen zu kiffen und gesagt, dass er Angst habe, abhängig zu werden), ich bin sehr müde jetzt, Lichtreflexe im Raum, an den Rändern meines Blickfelds, und weiß, dass es Zeit ist, zu gehen. Wir stoßen ein letztes Mal an, auf seinen Nachttisch habe ich eine kleine Flasche Cognac gestellt bei meinem einzigen Besuch, habe ich das schon erwähnt?, und wir wissen, wann wir uns abhandengekommen sind, 2005, September, er fuhr in den Knast ein, für ein paar Wochen, hatte Geldstrafen nicht bezahlt. Am selben Tag fuhr ich nach Frankfurt am Main, der S. Fischer Verlag wollte mein Manuskript haben, ich bot BB an, mir Geld vorschießen zu lassen, damit er frei bleiben kann. Aber er wollte das nicht, da war wieder sein Stolz. Wir haben uns dann nur noch ein paar Mal gesehen, es muss ihm nicht gutgegangen sein *dort*, »Nie wieder«, hat er gesagt, »nie wieder in die Kiste«, so nannte er den Knast, den *Stein*, den Bau, den Kahn, Schiff ahoi! Unsere Parabeln haben sich entfernt voneinander im Koordinatensystem, die Macht der Mathematik, der Geometrie, was will man da machen, nicht wahr? Ein paar letzte, neue Geschichten sind geblieben, nachdem viele seiner alten Geschichten irgendwo, und manchmal nur noch Fragmente davon, in diesem Manuskript stehen, das der S. Fischer Verlag damals haben und drucken wollte. »Einmal hat mir ein Typ aus einer anderen Zelle, aus einem anderen Block ein Päckchen gependelt, das ging von Fenster zu Fenster, von Gitter zu Gitter, bis es dann bei mir war, das sollte ich dem Wärter X geben, damit der es weiterleitet, der wüsste wohl Bescheid. Und als der dann mal bei mir war, der Wärter X, und ich ihm das Zeug geben wollte und sagte, das ist für den und den, da streckt mir die Drecksau doch tatsächlich die Hand hin, also richtig die offene Pfote, und fragt, rotzfrech fragt er das: ›Und was krieg ich dafür?‹ ... Und da war dieser Kalfaktor, der immer die große Schnauze hatte, wenn er Essen und Tee brachte, dem sollt ich den Arsch küssen, ihm dies und das geben, neben der Tür stehen mit Geschirr und Kanne, wenn er kam, da hab ich einmal auf dem Bett gelegen, und der steht in der Tür und quatscht mich blöd voll, bla dies und bla das, da hab ich die leere Kanne genommen und ihm schön mit Schwung in die Fresse gedonnert! ... Und die Kanacken? Ja, mit den Kanacken bin ich gut ausgekommen komischerweise, die waren in Ordnung, meistens.«

»Adiós«, sagen sie in dem Sam-Peckinpah-Western *Pat Garrett & Billy the Kid*, wenn sie sich verabschieden und ahnen, dass sie sich nicht wiedersehen, und dehnen das O sehr lang, einige Sekunden fast, einen langen Atemzug lang, »Adiooooos«. Was bleibt dir manchmal mehr als Pathos?

Und ich beuge mich über ihn, er scheint zu schlafen, der Kopf unruhig auf dem Kissen, Schweiß auf der Stirn, der Mund geöffnet, seine Zähne sind sehr weiß in diesem Augenblick, sagt mir meine Erinnerung, aber vielleicht ist das der Kontrast zu seinem sehr gelben Gesicht. Und als würde er spüren, dass ich ihn anschaue, öffnet er die Augen, Morphium-Augen, ich weiß nicht, was er für Zeug im Blut hat, es wird automatisch zugeführt, er nuschelt singt krächzt etwas, »... geträumt ...«, und erst später begreife ich, dass er dachte, er hätte das alles nur geträumt, auch dass wir hier sind. »Nein«, sagt seine Schwester, »wir sind alle da.« Ich greife seine Hand, lege meine Handfläche, ich würde sagen »über Kreuz«, in seine, so wie wir uns früher begrüßten und verabschiedeten. Ich kann nichts Genaues sagen über die Temperatur und die Zeit, und als ich mich ein wenig seitlich zur Tür drehe, weil ich da rausmuss, weil ich meine, an den Seiten dieses V entlangrennen zu müssen, Hänge und Berge, und meine Handfläche über seine rutscht, da hält er meine Fingerspitzen fest mit seinen gekrümmten Fingern. Und ich gebe Gegendruck, spüre noch einmal sein *Leben*, sage: »Mach's gut«, spüre seine klammernden Fingerspitzen, und dann reiße ich mich los.

»Du hättest noch öfter kommen können«, ruft er mir hinterher, »ich habe noch fast zehn Tage gelebt danach. Zehn Tage!« Und da ist er wieder, sein Stolz, schreib eine Ode, Clemens, einen Hymnus, wenigstens ein Gedicht, aber ich bin nur müde. »Ich habe sogar noch Torte gegessen!«

Und da schauen sie alle auf mich in dieser Kneipe, als ich an der Tür stehe, kleine Mädchen, aufgedunsene Männer, alte Frauen, denen die Köpfe zittern wie zu große Tulpen auf zu dünnem Stiel, ein Mann trägt ein zu knappes München-T-Shirt, das kann kaum die Hämatome auf seiner Haut verdecken, blutig ist's auch noch aus seiner Nase, und da rufen sie alle in einem schrecklichen Chor, Luigi Nono, der Chorus der Verdammten, dass meine Kleidung zu knistern anfängt wegen der Gänse-Gänse-Gänse-Haut darunter: »Ein Gedicht zum Abschied, Mister Meyer, ach, doch nur ein einziges kleines Gedicht!«

Und da stelle ich mich wieder in Richtung Raum, hebe die Hände beschwichtigend, eine Spielkarte fällt aus meinem Ärmel, »nun denn, wenn ihr meint!«

Und ich beginne, habe ja nur eins geschrieben, das ich im Kopf habe über die Jahre:

»Memoiren eines Heimkinds«, beginne ich. Schweigendes Nicken, leises Grummeln, »hört, hört!«

»Ich hab eine Hummel.

Ich hab sie dressiert,

und sie lockt greuliche Spinnen

in die eigens dafür aufgestellten Fallen.

Eine ganz prima Hummel hab ich!«

Und als der Applaus losbricht, auch das kleine Mädchen klatscht in die Hände (war da nicht eben noch ein zweites kleines Mädchen neben ihr?), gehe ich. Ich muss mich nicht umdrehen, weiß, dass er winkt, weiß, dass er vielleicht nicht winkt, weiß, dass er mir immer noch etwas böse ist, weiß, dass er weiß, dass ich unsere Freundschaft nie vergessen habe, weiß, dass es keine Regeln gibt in den Momenten des Abschieds und des Sterbens. Ich laufe die Treppe runter. Es ist Vormittag, die Halle unter mir ist lichtdurchflutet, zu den Türen kommt es rein und durchs Glasdach. Beim Friseur ist viel Betrieb, Scheren, Hände, Haare.

Straßenbahnen und Busse, die Haltestelle vorm Bahnhof voller Menschen, Tüten, Taschen, Hunde, Bettler, dicke Frauen, Mandy und Kevin, Taxis, so viele Taxis, junge Mädchen, die Zigaretten rauchen, Uniformierte von den Verkehrsbetrieben, Telefongespräche, Gesprächsstrahlungen, klappernde Münzen im Fahrkartenautomatenschacht. Eine Schande, so früh betrunken zu sein. Wir fahren, wohin wir fahren. (Das ist von Jurek Becker, der letzte Satz aus *Jakob der Lügner*, so glaube ich zumindest, ein schöner Satz.)

Ich führe Selbstgespräche zwischen den vielen Menschen, das mache ich oft, bin ständig am Grummeln und Murmeln, Formeln, die mich durch die Koordinaten führen, wenn ich unterwegs bin: »Ja, so ist das eben« oder »Nun ja, was will man da schon machen« und »Ach, weißt du, die Dinge sind, wie die Dinge eben nun mal sind« oder »Nach all den Jahren« und »Wenn du mich fragst, weißt du, gar nicht so einfach das alles«.

Und dann fahren wir, wohin wir fahren. Und als dann, um die Dinge (die nun mal sind, wie die Dinge eben sind) zu forcieren, als dann in der Kapelle das Handy von Bukowski klingelt (der sieht nämlich so aus mit seinem grauschwarzen Vollbart, ist ein Freund von BB und auch von LB, der ja Bukowski-Fan ist, LB ist nicht gekommen, will allein Abschied nehmen, hat Angst, dass er durchdreht, wenn er da die Reste sieht), und was hat dieser Mensch für einen Klingelton, »Chemie-Schweine, Chemie-Schweine« dudelt da aus seinem Handy, da denke ich, und erwarte es fast, dass BB aus seinem Sarg steigt, denn er ist wie ich und wie LB ein *Chemiker*, um Bukowski anzuspringen wie ein Pitbull, aber dann sehe ich die kleine Urne zwischen all den Blumen. Lange laufen wir dann, der Karren mit den Blumen und der Urne vorneweg geschoben von Friedhofsmenschen, schmale Wege zwischen den Steinen, wieder und wieder kreuzen wir die Hauptstraßen dieser Stadt aus Stein und Bäumen ... ich will nicht wissen, wann wir da sind, um uns um das Loch zu formieren, Asche in die Tasche und Staub unterm Laub, und weit weg hinter den Bäumen im Mittagsdunst dieses Juli 2009 – Berge.

Der Fall M

Du sprichst also das Mädchen an. Kein Problem, du kennst
es ja, hast ja ein Praktikum in ihrer Schule gemacht, im
Schulhort. Hast du da schon alles geplant? Also, ich mein
jetzt nicht im Schulhort, sondern in dem Augenblick, wo
du beschließt, sie in deine, also deine Wohnung ist's genau genommen nicht, also in die Wohnung, in der du
wohnst, zu locken. Oder willst du warten, wie die Dinge
sich entwickeln? Du hast dir oft einen runtergeholt, wenn
du dran gedacht hast, und musstest mittendrin immer mal
Pause machen und horchen, ob deine Mutter nicht vor deiner Zimmertür rumschleicht. Du hast oft gesehen, wie sie
allein nach Hause gegangen ist. »Ich hab was für deine
Mutti«, sagst du. »Deine Mutti hat gesagt, du sollst das bei
mir abholen.« Und sie geht mit dir mit, du greifst nach ihrer Hand, lässt sie dann aber wieder los, weil du spürst, wie
warm das ist. Du bist aufgeregt, ist nicht mehr weit, nur
noch um die Ecke, keiner beachtet euch, du hältst den
Kopf gesenkt und hoffst, dass du niemanden triffst, der
dich kennt. Und du triffst keinen, auch nicht, als du schon
mit ihr vor dem Haus stehst, in dem du mit deiner Mutter
wohnst. Weißt du, dass meine Mutter schräg gegenüber

wohnte, dort, an der Endstelle der Bus-Linie, ich bin da aufgewachsen, weißt du, habe dort auch zusammen mit meiner Mutter gewohnt, na ja, meine Schwester war noch da,
und das kann ich dir sagen, mit zwei Frauen unter einem
Dach, das war manchmal die Hölle, und da wurde man
nicht nur einmal beim Onanieren erwischt; fast zehn
Jahre hab ich da gewohnt, bin mit einundzwanzig erst aus-
gezogen, ach, siehst du, du bist jetzt auch einundzwanzig,
nein, Moment, neunzehn erst bist du, und nun ist's zu
spät, mit dem Ausziehen, also sagen wir hier lieber »dem
Auszug«, aber weg von Muttern bist du inzwischen, jetzt,
heute, August 2009, aber ziemlich exakt ein Jahr zuvor, da
wusstest du genau, dass sie nicht zu Hause ist. »Guten Tag,
Mutti, darf ich dir meine neue Freundin vorstellen?« Nein,
das geht nun doch nicht, mit den Mädchen hattest du's
nicht so, was? Ich in deinem Alter übrigens auch nicht. Als
ich Kind war, habe ich mal zu meiner Mutter gesagt, dass
ich, wenn ich groß bin, mit meinem Freund J. H., der damals mein bester Freund war, aber inzwischen leider tot,
in einem Haus im Wald wohnen möchte. Ja, hat sie gesagt,
das ist ganz normal, es gibt auch Männer, die sich sehr lieb
haben. Ob meine Mutter gedacht hat, dass ich schwul
werde? Aber spätestens in meiner großen Pornoheft-Phase
zwischen dreizehn und achtzehn muss sie davon abge-
kommen sein, gar nicht so leicht, Pornohefte in einem
Frauenhaushalt zu verstecken. Hast du auch Pornohefte
gehabt? Oder zumindest die seichten Sachen, *Praline, Neue
Revue* und so was? Oder hast du dir, da du ja doch irgendwann gespürt haben wirst, dass du … sagen wir mal so:
etwas anders fokussiert bist, diese FKK-Magazine gekauft?
Da sind nämlich, versteh mich nicht falsch, eine Menge
nackter kleiner Mädels drin. Nein, nein, das ist schon in

Ordnung, ich hab mir auch mal so ein Heft gekauft, weiß aber gar nicht, ob's die überhaupt noch gibt. Aber es gibt ja auch den *Landser* und die *Junge Freiheit*, da wird so was sicher auch noch zu kriegen sein, obwohl, wir leben ja im Netz, da kommt man anders an Wichsvorlagen ran. Und richtig teuer ist das gewesen, dieses FKK-Magazin, ich bin zum Wichsen damit in den Wald gegangen, und wie peinlich mir das im Zeitungsladen war, wer kauft überhaupt so was, potentielle Kinderficker oder verklemmte Pädophile?, im Schwarzwald war das, bei einem Schachturnier, in dem Jugendheim war immer so viel los, dass ich einfach nicht zum Wichsen kam. Vierzehn bin ich gewesen damals, glaube ich. Hast du Internet gehabt, bei deiner Mutti? Warte, ich schau mal eben nach … na, da sitzt du doch am Rechner, aber sobald ich näher rangehe, wirst du hektisch, ach scheiße, jetzt seh ich's, du spielst *Monkey Island*, weil die neuen Spiele auf dem alten Teil nicht laufen. Nein, entschuldige, ich will nicht gemein zu dir sein, bin doch nur interessiert … weißt du, ich bin nämlich ein Voyeur erster Klasse und interessiere mich furchtbar für solche Dinge, vor allem für die, die da aus dem Ruder gelaufen sind, also ich habe aber schon Interesse an der … sagen wir: menschlichen Seele, und da will ich doch ganz vorsichtig mal bei dir reinschauen … übrigens, natürlich bin ich auch am Fleischlichen interessiert, wenn du verstehst, was ich meine, ich hatte da mal sogar eine Zeitlang eine krankhafte Neigung, obwohl, *krankhaft*, das ist ja nun doch zu viel des Guten. Aber ich will und kann mich doch in dich reinfühlen sozusagen, da musst du keine Angst haben, da kannst du ruhig Vertrauen aufbauen … WENN ER KRANK IST, DARF ER NICHT MEHR RAUS (Leipziger Volkszeitung, 18. August 2009), MEIN MANDANT WAR IMMER

95

EIN AUSSENSEITER; also ich habe, das ist nun schon fast zehn Jahre her, also muss ich so zweiundzwanzig gewesen sein, immer auf dem Fensterbrett gestanden, hinter der runtergelassenen Jalousie, und, ob du's glaubst oder nicht, manchmal auch mit runtergelassener Hose, obwohl, *das* kann ich jetzt gar nicht mehr so genau sagen, nach so vielen Jahren ... mein Fernglas jedenfalls immer dabei, ein gutes Fernglas war das, nehm' ich heute noch mit zu den Pferderennen, aber nur manchmal, weil man damit aussieht wie so ein blöder Rentnertourist, ein Streichholz zwischen zwei Lammellen der Jalousie geklemmt, und beste Sicht rüber auf den Sportplatz der Schule. Na, du kennst die Schule ja, da ist sie ja am 18. August 2008 hergekommen, von den Ferienspielen, ich hab gar nicht gewusst, dass es so was wie Ferienspiele überhaupt noch gibt, ich dachte, das wäre so 'ne Zonensache; als ich in ihrem Alter war, also neun, sie war doch neun?, oder hab ich da jetzt ein Jahr unterschlagen, vorwärts oder rückwärts?, da sind wir auch immer zu den Ferienspielen gegangen, ich mit meiner Schwester, wir hatten so einen, wie hieß das noch gleich? *Ferienpass*, haben Radios gebastelt, mit denen man nur einen Sender empfangen konnte, Filme gesehen, Bilder gemalt, einmal auch in der Deutschen Bücherei mit so 'ner speziellen Siebgeschichte, und gebastelt auch viel, und dann gab es so 'nen Themenvormittag im alten Rathaus über Sagen und Legenden, da hat sich, das weiß ich noch, so 'n Heimkindtyp, entschuldige, das hat jetzt gar nichts mit dir zu tun, kannst du glauben, gemeldet und über Werwölfe mit Helm, ja Helm, erzählt, was für'n Schwachsinn, damals warn wir noch ganz eng, würd' ich mal so sagen, also ich und meine Schwester, später sind wir 'n bisschen auf Distanz gegangen, kannst du dir vorstellen, dass ich ein paar Mal, ist aber nun auch schon 'ne Weile her, geträumt habe, ich würde meine Schwester ficken?, also da red ich ja nicht gerne drüber, siehst du, wie ich dir vertraue!, aber für seine Träume kann man ja nix, stimmt's?, und ich denk immer, dass wir jetzt so auf Distanz sind, ist aber eine gute Distanz, würde ich sagen, das hat auch mit der Scheidung zu tun, und dass wir dann, also im kritischen Alter, wenn das so alles verrückt spielt mit den Hormonen und so, bei meiner Mutter unter einem Dach gelebt haben, Mensch, das war Mord und Totschlag, die Frauen haben ja ständig ihre Tage, weißt du, und ich ständig am Wichsen, das konnt' ja nicht gutgehen. Und ich war überhaupt 'n bisschen neben der Spur damals, hab geklaut und auch zu früh mit dem Saufen angefangen, ständig Probleme in der Schule, das war schon immer so, auch in der Zone, aber dann wollten sie mich zweimal von der Schule schmeißen, das war dann auf dem Gymnasium, und in der Zone musste ich ein paar Mal mit meiner Mutter zum Irrenarzt, »mal deine Eltern jetzt mal als Tiere und dich auch«, WENN ER KRANK IST, DARF ER NICHT MEHR RAUS, Mensch, haltet doch mal die Fresse jetzt!, na, nu bleib doch, ich hab doch noch gar nicht zu Ende erzählt, also, wo war ich stehengeblieben?, genau: auf dem Fensterbrett und der Sportplatz gegenüber. Ich war nämlich auch auf dieser Schule, weißt du. Und du hast da ja nicht nur dein Praktikum dort gemacht (Sozialassistent wolltest du werden, da muss ich dich später noch mal fragen, was das genau ist), sondern bist da ja auch als Abc-Schütze gewesen, was für 'n blödes Wort, kannst du dich daran noch erinnern?, Einschulung und so, also ich kann's, und bist bis zum Abschluss geblieben. Ich glaube, die Lehrer, die ich da hatte, kannst du nicht mehr kennen, sind jetzt woanders oder tot. Obwohl, dreizehn Jahre bin ich älter, da könnten schon noch welche da sein. Und den Hausmeister musst du doch kennen, den Schimmie, weiß gar nicht mehr, wie der richtig hieß. Der hat immer zwei Sachen, fast schon manisch, gesagt, eigentlich mehr gebrüllt: »Dir soll wohl der Arsch platzen!«, wenn er wütend war, der alte Schimmie, war immer geladen, und »heeme!«. Da haben wir lange gerätselt, was das wohl mit dem »heeme« auf sich hat. Das heißt ja nichts anderes als »zu Hause«, und das hat er fast in jedem Satz untergebracht. »Dir soll wohl der Arsch platzen, heeme!« Und irgendwann haben wir Kinder verstanden, was er damit, also mit *heme* meinte. Er hat ja da, also in der Schule, mit seiner Familie gewohnt. Und wenn er da, auf seinem Grundstück sozusagen, unterwegs war und sich um alles gekümmert hat, für uns Kinder und die Lehrer (und damals noch für den Pionierleiter und die ganzen Parteibonzen, das wird dir jetzt nicht viel sagen) lauter technische, handwerkliche, organisatorische und was weiß ich noch für Dinge erledigt hat, und der Mann war beliebt bei uns, das kannst du glauben, da hat er sich eben, verdammt nochmal, so was von zu Hause gefühlt, *heeme* eben, das war schon ein lustiger Mann, der Schimmie.

Und vor kurzem erst, also im Juli 2009, damit wir nicht durcheinanderkommen, wir stehen ja eigentlich immer noch vor deinem Haus, hat's auf dem Schulgelände gebrannt, genau dort, wo die Garage mit Schimmies Auto ist. Das hab ich gar nicht mitgekriegt, obwohl es vielleicht fünfhundert Meter von meiner Wohnung entfernt ist und die Feuerwehr die ganze Nacht aktiv gewesen sein muss, während ich schlief. Das Feuer war zwischen dem Vordergebäude für die Grundschüler (und -schülerinnen) und der Turnhalle. Die Flammen müssen ordentlich hochgeschlagen sein, Schimmies Auto natürlich futsch, keiner weiß, wie der Brand ausgebrochen ist, irgendeine Selbstentzündung, sagen sie. Ich seh heute noch die verrußte Fassade mit den schwarzen Fensterbrettern, wenn ich am Schulkomplex vorbeilaufe. EIN VERBRECHEN, DAS UNBEGREIFLICH BLEIBT. Früher hätte man von meiner Seite aus die Gebäude nicht sehen können, da standen noch Wohnhäuser, die sind inzwischen abgerissen. SCHÜLER TIEF BETROFFEN. Also, wo war ich stehengeblieben?, da gab's doch eben eine Überleitung, da hatt' ich doch was im Satzfluss entdeckt, was mich dorthin zurück bringt, wo ich ursprünglich hinwollte, beziehungsweise schon war … ja genau, Fensterbretter, also die verrußten Fensterbretter! Und da bin ich wieder auf meinem Fensterbrett, mit Fernglas stehe ich so und beobachte die kleinen Mädels beim Sport … aber fünfzehn, sechzehn waren die schon, neunte, zehnte Klasse, ich meine, ich bin doch kein verdammter Pädo, entschuldige, das geht jetzt nicht gegen dich, dein Fall scheint mir schon speziell, mein Lieber, aber darauf kommen wir noch, also, ich steh schon auf Brüste, und die hatten die Mädels, die ich da beobachtet habe, und nicht zu knapp manchmal unterm engen Sportshirt, vielleicht waren auch mal welche aus der achten Klasse dabei, was weiß ich denn, haben sie ja nicht auf ihre Klamotten gedruckt, und da sind welche dabei, da würdest du denken, die sind volljährig, also zu meiner Zeit war das anders, aber das sind ja richtige Sexbomben mit fünfzehn, sechzehn, und so steh ich also auf dem Fensterbrett, manchmal die ganze Sportstunde über steh ich da und schwenke mein Okular, links und rechts, und dort machen sie jetzt Weitspringen, wie schön das wippt, und die größte Angst ist die, entdeckt zu werden. Und du?, hattest du keine Angst, dass jemand klingelt oder klopft in der Zeit? Und überhaupt erstmal mit ihr in die Wohnung zu kommen, noch seid ihr ja auf der Treppe. In meinem Haus wohnen, Moment, da muss ich nachdenken, also ich unten ganz allein im Erdgeschoss, aber ich zähle ja nicht, um mir selbst zu begegnen, müsste ich in einen Zeitparadoxnebel geraten wie der Raumfahrer Ijon Tichy, also noch mal: oben die beiden, dann der Araber, der eine Typ ist grad im Knast, müsste aber bald wieder raus sein, führen wir ihn also als anwesend, sind vier Leute, und das war's auch schon, denn die Wohnung über mir ist leer, im Erdgeschoss und im ersten Stock gibt's nämlich nur eine Wohnung jeweils, wir sind ein sehr schmales Haus; sind also vier Leute, und sehr, sehr oft, das muss ich schon sagen, weil's mich selbst wundert, wie oft das ist, treffe ich einen von denen, wenn ich ins Haus komme. Was hättest du gemacht, wenn plötzlich die Nachbarin auf der Treppe gestanden hätte oder der Mann von oben, der einkaufen gehen will. »Guten Tag« oder »Hallo« oder einfach nur »Tag«, vielleicht auch »Grüß dich«, denn die Leute haben dich schon gemocht, zumindest habe ich das so gelesen, klar, dass du früher oft geärgert wurdest, wegen deiner Behinderung, also ich darf das doch so sagen, obwohl's natürlich gar keine richtige Behinderung ist, immerhin hast du Realschulabschluss, leichte Motorik-Probleme und beim Sprechen manchmal bissel langsam, das ist wegen so 'ner Gensache, Trisomie 8, und du musst wohl ein leichter Fall sein, denn so ein Körperklaus wie andere, die so was haben, bist du doch nicht, *langer Brustkorb, Besonderheiten bei der Anzahl und Breite der Rippen, überzählige Brustwarzen, hoher, schmaler Gaumen, Gaumenspalte, breite Nase, häufig aufwärtsweisende Nasenlöcher, Herabhängen eines oder beider*

Augenlider, Kurzfingrigkeit, schmale Darmbeinschaufel, Flüssig-keitsansammlung im Nackenbereich ... holy ghost und meine Fresse!, du müsstest ja der reine Frankenstein sein, aber du siehst aus wie ein lieber Teddy, ich hab dich doch im Gerichtssaal gesehen, nee, ich saß ganz hinten, und ja, wirklich, du siehst ganz nett aus, bisschen unbeholfen, bisschen dicklich, aber so Typ lieber Junge von nebenan, meine Mutter hat erzählt, dass sie dich ein paar Mal im Schlecker gesehen hat, glaubt sie zumindest, sie weiß nur nicht, ob's *vorher* oder *nachher* war, da bist du ja ab und zu gewesen und hast mit den Verkäuferinnen geplauscht, wie schrecklich das ist mit der Kleinen und dass du dir's gar nicht vorstellen kannst, dass da jemand ... Nun hab ich wieder den Faden verloren, »Guten Tag«, nein, denn da kam keiner, und du bist mit ihr an der kleinen Kammer vorbei, die früher mal das Außenklo war, wo sie dann später drin stand, ich glaub sogar ein paar Tage, zumindest zwei Tage oder so, ich will jetzt nicht noch mal nachschauen, ist nämlich keine schöne Sache darin rumzukramen und zu -wühlen, kannst du mir glauben, und dann klimpert dein Schlüsselbund, kann denn nicht mal jemand schauen, was das für Stimmen sind im Haus, Stimmen, Stimmen, also in deinem Kopf, da muss doch ... also, ich weiß nicht recht ... die absolute Ruhe? Oder Chaos?, Mensch, weißt du, als ich mein erstes Mädchen hatte, also natürlich ganz anders, die war nämlich in meinem Alter, mein Lieber, so wie sich das gehört, jetzt hätt' ich das fast mit dem zweiten Mädchen verwechselt, die war nämlich älter als ich, das war in einem Puff gewesen, so 'n altes runtergekommenes Haus war das, und drinnen in jeder Wohnung die Frauen, Weihnachten war das, irgendwann in den Neunzigern, mit meinem Freund M, der ist auch tot

mittlerweile, aber aufgeregt war ich beide Male, konnt'
gar nicht klar denken, hab regelrecht gezittert, ja, Mensch,
da stellt man sich das immer vor, und dann auf einmal ...
SCHOCKIERENDE FOTOS DES OPFERS – RECHTSMEDI-
ZINER ENTSETZT DAS PUBLIKUM MIT DEN ERGEBNISSEN
DER OBDUKTION.

Ich kann also neben dir stehen, weiß genau, was jetzt
kommt, na, das gefällt dir nicht, dass da noch jemand in
der Wohnung ist, was? Aber keine Angst, ich halt mich zurück. Was mich interessieren würde, wo hast du den Trichter eigentlich her? Ich meine, wer hat heutzutage noch
einen Trichter im Haus? Also ich habe keinen. Und als ich
neulich bei meiner Mutter zum Essen war, habe ich sie
gefragt, ob sie nicht zufällig einen Trichter hat, einen, sagt
man das so?, *Speisetrichter*, *Lebensmitteltrichter*. Ich kann
mich entsinnen, dass wir früher einen Trichter hatten,
aber da haben wir noch woanders gewohnt. Denn ich habe
mit diesem Trichter, blau war er wohl, gespielt, und da
gibt's ne Menge Sachen, die man mit einem Trichter spielen kann: Ich hab ihn meinen Puppen aufgesetzt wie
ein Mütze, der Eisenmann aus »Alice im Wunderland«,
Quatsch, »Der Zauberer der Smaragdenstadt« (das ist die
Russenvariante vom »Zauberer von Oz«) hat auch so ein
Ding auf dem Kopf gehabt, aber das war kein Lebensmitteltrichter, sondern einer aus Metall für Öl und Benzin und
so was; wenn ich den Trichter auf den Boden gestellt habe
zwischen meine Indianer und Ritter, war er die Kuppel
eines mystischen Tempels, in dem ein böser Geist wohnte,
der konnte oben aus dem Rohr raus- und reinfahren, je
nachdem, wie er gerade drauf war, und wenn er Ritter und
Indianer draußen totmachen musste, rein, raus, rein,
raus, und am besten konnte man sich diesen Vielzweck-

trichter vor den Mund halten oder auch ans Ohr, da klang alles sonderbar klar und doch mit einem Rauschen unterlegt, und man konnte, mit dem Trichter vorm Mund, herrlich rumschreien! »Meine Damen und Herren, da sehen Sie die Meistermannschaft der BSG Chemie Leipzig, einen großen Applaus für den Kapitän Manfred Walter, der jetzt zusammen mit Trainer Alfred Kunze den Meisterpokal in den Leutzscher Himmel stemmt! Und da singen die fast 30 000 Zuschauer, wie aus einem Mund kommt das ...«

TODESURSACHE IST ERSTICKEN. Das Klebeband hattest du schon zurechtgelegt, dass weiß ich, braunes Paketklebeband, das hast du vielleicht sogar im Schreibwarenladen auf der Martinbrücke gekauft, oder aber im Schlecker, da gibt's so was auch, glaub ich. Oder vielleicht hatte deine Mutter das sowieso im Haushalt, kann man immer gebrauchen, Weihnachtspakete, Putz- und Flickstunde, einen Trichter hatte sie ja auch, war ein gutgeführter Haushalt, da kann man ihr nun wirklich keinen Vorwurf machen. UM HILFESCHREIE ZU UNTERDRÜCKEN, WOLLTE ER IHREN MUND MIT KLEBEBAND VERSCHLIESSEN. Und hier steig ich so langsam aus, auch wenn ich mir alle Mühe gebe, dich zu verstehen. Es sind nämlich eine Menge Sackgassen in deinen Planungen. Da ist deine Gier nach ihrem Körper so groß geworden, würd' ich mal sagen, dass du nur ein bestimmtes Feld überschauen konntest, bis hier hin und nicht weiter. Ich meine, wer kennt das nicht, ohne das jetzt miteinander vergleichen zu wollen; man trifft eine Frau in der Disco oder irgendwo anders, und obwohl man gebunden ist, glücklich verheiratet meinetwegen, geht's zu ihr oder zu dir, da denkt man eben erstmal nur an das, was da wohl gleich Aufregendes kommt und wie sich das anfühlt, und nicht an die Dominosteine, die dann *klack, klack, klack*, einer nach dem anderen umkippen und das Ganze unüberschaubar machen. Also ohne das jetzt miteinander zu vergleichen. *Klack, klack, klack.* Dabei hast du doch genug Zeit gehabt, hast sie doch tagelang beobachtet, hast dir immer wieder vorgestellt, wie das wohl ist, wie sich das wohl anfühlt, aber wenn du das, was du vorhast, mit ihr gemacht hast, was dann? Und wohin mit ihr? Sie zum Beispiel erstmal ein bisschen beschwatzen, wie das so einige Pädos tun, daran hast du ja gar nicht gedacht, nein, du kamst gleich mit dem Klebeband, da hat sie noch keine drei Minuten auf dem Sofa gesessen. Aber ich sagte ja schon, du bist ein ganz spezieller Fall, und im wissenschaftlichen, medizinischen und wie auch immer Sinne gar kein Pädo nehm' ich an, da muss man deinen Kopf sezieren und mit einer langen dünnen Nadel mal hier und da reinstechen, um die Gedankenströme … und schau mal, da hab ich doch tatsächlich ein Bild, oder besser gesagt einen Ton, »Oma und Mutti, Oma und Mutti, Oma und Mutti, Oma und Mutti!«, verdammt nochmal, hört das denn nicht mehr auf, schnell die Nadel wieder raus, Kontakt unterbrechen, und nur weil man bei Oma und Mutti aufwächst, ein leichtes Genproblem hat, sexuell frustriert und unaufgeklärt … also bleiben wir lieber mal bei den Fakten. Fakten. Fakten. Fakten. SELBST IM KNAST NOCH ISOLIERT.

Du würdest keine Minute heil bleiben, die Mörder, Schläger und Einbrecher würden dir die Scheiße rausprügeln, und vielleicht noch schlimmer als das. Ein Freund hat mir erzählt, wie sie in Torgau, also im dortigen Knast, Fort Zinna heißt der, einem Vergewaltiger Saures gegeben haben, einem Vergewaltiger, der ganz normal Frauen vergewaltigt hat, die Leute mit den Kindern KINDER SIND NUN EINMAL WEHRLOS INFO@LEIPZIGER-KINDERHILFE-

SCHUTZ.DE kommen ja vorsichtshalber woanders hin, so wie du jetzt. In zehn Jahren bist du wieder raus, wenn du Glück hast, Jugendstrafrecht, das gilt notfalls bis einundzwanzig, du bist erst neunzehn, aber zurückgeblieben genug, entschuldige, das war nicht so gemeint jetzt, ich wollte ja bei den Fakten bleiben, bin auch wirklich daran interessiert, wie das alles so läuft bei dir, ein wenig über die Schulter schauen, ein wenig plaudern … Hast du eigentlich keine Angst gehabt, als sie hier im Viertel eine Art Bürgerwehr gegründet haben, kurz nachdem sie wieder aufgetaucht ist, da draußen am See, *Todesstrafe für Kinderschänder* stand auf vielen T-Shirts, altdeutsche Schrift, mir hat man auch eins angeboten, ich hab aber nein gesagt. An einem Abend sind die mit Fackeln hier durchs Viertel gezogen, Kerzen waren auch dabei und auch paar normale aufgebrachte und trauernde Bürger, *Todesstrafe für Kinderschänder*, das Dumme war, dass ihr Onkel, der Bruder ihres Vaters, glaub ich, hier ein recht bekannter Neonazi ist. Da war dann auch schnell die NPD mit im Boot, Bier wurde getrunken beim Fackelmarsch durchs Viertel, an der Schule ging's los und dann raus zu dem kleinen See, den du dir ja ausgesucht hast. Hast du gewusst, dass ich als Kind da oft gespielt habe? Der liegt ja in einem kleinen Wald, der See, Stötteritzer Wäldchen heißt der, da sind wir nicht gern durchgegangen, sobald es dunkel wurde. Und ob du's glaubst oder nicht, ganz in der Nähe des Sees war ein Holzspielplatz, den gibt's heute nicht mehr und der war auch damals schon ziemlich verfallen, da haben die Trinker rumgehangen, hat mir ein Mann mal seinen Schwanz gezeigt, da war ich vielleicht acht oder neun, vielleicht auch schon zehn. Der stand da am Busch und pisste, und ich kam mit meinem Freund J.H.

vorbei, mit dem ich damals in einem Haus im Wald wohnen wollte (aber nicht in diesem Wald, wir dachten eher an Mecklenburg), erinnerst du dich?, wir hatten einen Handwagen dabei und wollten auf diesen kleinen Berg, den wirst du auch kennen, um mit dem Handwagen runterzurasen. Haben wir oft gemacht, meistens war ich der Pilot, und er hat nur angeschoben, und meistens bin ich mörderisch verunfallt mit der Karre, ein Wunder, dass ich mir nie was gebrochen habe. Und da stellt die Drecksau sich uns in den Weg, mitten auf dem Weg stand er, und sein Teil, gesund sah das nicht aus, kann ich mich erinnern, baumelte aus seiner Hose. Grinst der uns an, und wir stehen da mit unserem Handwagen und wissen nicht, was wir machen sollen. Ist ein schmaler Weg, gehen wir also rückwärts und rennen schnell von ihm weg. War Nachmittag, Herbst, düster. Du musst da auch vorbeigekommen sein, nachts, als du sie zu dem See gebracht hast.

Da haben sich also mehrere Wege gekreuzt zwischen den Zeiten, deiner, meiner und der des Fackelzuges, Polizei dahinter. Nein, ich will dieses Volkstrauern gar nicht schlechtmachen, da bist du bei mir an der falschen Adresse. Weißt du, was ich denen gesagt habe, als sie mir das T-Shirt *Todesstrafe für Kinderschänder* aufdrängen wollten? Dass ich es besser finde, wenn man solche Leute, aber da habe ich nicht an dich speziell gedacht, lieber einsperrt, denn da leidet doch ein Tier am meisten, nicht wahr? Aber keine Angst, ich hab das nur gesagt, damit ich nicht wie ein Weichei dastehe, denn das kannst du mir glauben, die meisten hier wollen dich tot sehen, jetzt erst recht, und kannten dich damals noch nicht mal, wussten auch nichts von dem Trichter. ENTWÜRDIGUNG DES OPFERS.

Und weiß du, das ist ein Punkt, da tu ich mich auch

schwer, bei allem Verständnis, das ich für dich aufbringe. VON REUE HAB ICH NICHTS BEMERKT. Der Teddybär, der Teddybär, der hat es wirklich ziemlich schwer ... Wenn ich mich umdrehe, habe ich Angst, dass da zwei kleine Mädchen Hand in Hand stehen, mitten in meinem *Arbeitszimmer*, und mich mit großen Augen anblicken. Wie in diesem Film, den wirst du nicht kennen, *Shining*. Weißt du, was das ist, dieses »Shining«, um das es in diesem Film geht? Ganz ähnlich, wie ich vorhin mit dieser dünnen langen Nadel ... Bilder und Töne, Telepathie, verstehst du? Aber dafür sind wir beide nicht begabt, hoffe ich. Und ich in der Wohnung, und du in der Wohnung, und sie in der Wohnung. Ja warum *zwei* kleine Mädchen wirst du mich fragen, wo du doch nur diese eine in dein Herz geschlossen hast und so anhänglich wurdest, dass alles andere ... Kann ich dir gar nicht so genau sagen. Da gibt's eine kleine Bar, im Bahnhofsgebäude, Hauptbahnhof Leipzig, wo die Toten sitzen, da hab ich sie mal gesehen, und da war diese andere Kleine bei ihr ... aber doch, Mensch, du musst auch *die* kennen, war ihr Erschaffer doch bei dir im Bau, also Erschaffer meint jetzt nur, dass sie durch seine *Schuld* in dieser Bar gewesen ist. *Back to the roots.* Und du hast dich doch im Knast mit ihm getroffen, nun ja, getroffen ist vielleicht das falsche Wort, aber der Typ war der Einzige, bei dem sie sich getraut haben, ihn mit dir zusammenzubringen. Weil sie doch verhindern müssen, dass du vereinsamst, es gibt so ein Fremdwort dafür, wenn die Leute unter der Isolation durchdrehen und vollkommen abbauen, das fällt mir grad nicht ein. Und deshalb durftest du ab und an mal mit dem ein Schwätzchen halten, zusammen essen und so, weil der ja genauso gefährdet war wie du, also im Hinblick auf Vereinsamung und Totgeschlagenwerden, oder sagen wir zumindest Angegriffenwerden. Denn ihr wart euch nicht ganz unähnlich, obwohl der Typ Ende dreißig war, ich meine, wahrscheinlich wart ihr ganz und gar verschieden, aber diese eine Sache, die alles, aber auch alles verändert hat … Vor allem für die Mädchen natürlich, die ich dann in dieser Bar gesehen habe, wo man Dinge sieht, die man nicht sehen soll, aber deswegen bin ich ja heute hier, weißt du. DIE CHRONOLOGIE DES DRAMAS.

Ich geb's zu, ich bin ein Zocker. Ein Spieler. Setze gern auf Pferde. Tippe gern die Gewinner, und den Zweiten und den Dritten. Das ist eine Sache von Wahrscheinlichkeiten, verstehst du. Berechnungen, das reden wir uns ein, Berechnungen, Statistiken und Wahrscheinlichkeiten. Aber in Wirklichkeit geht es auch um so etwas Profanes wie das flatterhafte Glück und den Zufall. Vor kurzem war ich bei einem Rennen, da hat das Pferd den Jockey abgeworfen kurz nach dem Start, und dieser treue Gaul galoppierte und galoppierte, weil er ja nichts anderes konnte und kannte … aber ich wollte dir von dem Rennen erzählen, in dem mein Lieblingspferd, obwohl, das ist zu viel gesagt, denn ich habe da ein paar Lieblingspferde, *Mharadonno*, *Overdose* (das Wunderpferd aus Ungarn), *Secret Affair*, *Traumsternchen*, *Deep Sleep*, *Westfalensturm* … JETZT IST SIE EIN STERN AM HIMMEL. Kinder mögen Pferde.

Aber ich meine mein Lieblingspferd *Califax*, den hab ich sehr gern, denn er hat einmal ein Rennen gewonnen, das hieß »Clemens Meyer Cup«. Ich hatte den Burschen schon paar Wochen davor mal auf Sieg gesetzt, zweihundert Euro, ja, eine Menge Geld, nicht wahr? Und da ist er nur Zweiter geworden. Da hat er's nicht ganz geschafft. Und dann ist da dieses andere Rennen, von dem ich dir erzählen will, gute Siegeschancen hat er. Also von der Wahrscheinlichkeit her kann er, ziemlich sicher sogar, denn er kennt und mag die Bahn in der Stadt L, als Erster durchs Ziel gehen. Und dann, BUMM, kommen die Pferde aus der Startmaschine, und sofort fällt mein Boy zurück. Da stimmt was nicht, denke ich. Und so ist es auch, er wird angehalten, Knochen und Sehnen kaputt, das Rennen geht weiter ohne ihn, das sind eben die Wenns, die Wenns, die Wenns. Was das mit dir zu tun hat, fragst du? Mit *ihr* und mit dir. Ich weiß auch nicht, wie ich drauf komme, aber das sind so Dinge, die gehen durch einen durch und durch, und da muss man, muss man einfach drauf reagieren, also es aussprechen. Denn da stehe ich hinter dir, also nicht direkt hinter dir, denn du bist noch in dem anderen Zimmer, und ich relativ weit hinten im Flur dieser Wohnung, in der du mit deiner Mutter wohnst, die jetzt nicht da ist. Nein, du kannst mich nicht sehen, denn das Band läuft und läuft, der Projektor rattert, Lichtblitze an den Blickfeldrändern, und ich bin der Mann, der die Quoten macht, der die Wahrscheinlichkeiten abwägt und auf das Glück hofft.

Und sie ist raus aus der Stube, da hantierst du noch mit dem Klebeband. Und dafür, dass du motorisch etwas … sagen wir mal »eingeschränkt« bist, kommst du verdammt schnell hoch aus deinem Sessel. Startbox, BUMM. Schmeißt das gute Klebeband weg. (Immer dran denken, nachher Ordnung machen, bevor Mutter kommt!) Vielleicht ist sie auch nicht mit aller Vehemenz gerannt (war sich unsicher, ob sie rennen muss, oder einfach nur sagen »ich möchte nach Hause gehen«). Und auch, wenn du's nicht hören kannst, schrei ich hinten im Flur: »Geh, geh, geh« und »Nur noch die letzten Meter!«, und da ist sie wirklich schon fast an der Wohnungstür, bevor du angewackelt kommst. Da muss ich mich umdrehen, Gesicht zur Wand, weiß auch nicht, ob sie die Hand an der Klinke hatte. Wahrscheinlich schon, denke ich, denn da will man doch nur noch mit der Hand an die Klinke, wenn da so ein Teddy wie du zum Grizzly wird, und das muss sie schon bemerkt haben, spätestens jetzt, dass der Teddy, der immer so lieb war in der Schule ... aber mehr kann ich nicht sehen, denn ich drehe mich weg hinten im Flur, Gesicht zur Wand, obwohl ich dir doch vorhin versprochen habe, dir über die Schultern zu schauen, aber mein Lieblingspferd *Califax*, das war dann nämlich auch schnell tot. Da gerätst du ins Stottern »i-i-i-ich...da-da-das ist mir einfach so, das wo-ho-hollt ...« (»Oma und Mutti!, Oma und Mutti!, Oma und Mutti!, Oma und Mutti!«) Wenn sie nun doch irgendwie ins Treppenhaus gekommen wäre, Glück und Wahrscheinlichkeit, und du ja nicht der Schnellste, gelle?, aber dann kann ich die Geräusche hören, ziemlich dumpf das alles, und kein Schreien, nur ein Gurgeln, da knirscht und bricht was, und ich traue mich nicht mehr, mich umzudrehen in meinem Arbeitszimmer, und ihr Gesicht auf dem Foto neben mir, das ist ein Grinsen, dass ich es verstecken muss zwischen Büchern. Und als ich mich dann doch umdrehe, ist alles leer, und ich höre dich in der Küche hantieren. Das sind Geräusche, die gehen durch Zeiten und Räume. Da knirscht und bricht was. War das schon im Flur oder doch erst in der Küche? Da scheppert und klimpert es, da wühlst du in den Küchenschränken. Der Trichter. DABEI SEIEN ZÄHNE AUSGEBROCHEN, DER UNTERKIEFER VERSCHOBEN WORDEN.

Was hast du dir dabei gedacht? Ich meine nicht *allgemein*, sondern nur in dieser Situation. Ich frage dich ganz vorsichtig und lege, auch ganz vorsichtig, zwei Fingerspitzen auf deine Schulter. Die zuckt jetzt, weil du nicht dran denken willst. Weißt du, Alkohol war bei meinem ersten Mädchen auch im Spiel, aber anders, weißt du, ganz anders …

Zack, zack, zack, da muss ich mich stärken und marschiere durch den Flur, hin und her, hin und her, da knallen die Stiefel auf dem Pflaster, *Todesstrafe für Kinderschänder*, während du, während du … also, da brauch ich einen Drink, und würd' dich ja gern höflich fragen, und frage dich auch höflich, aber die Weinflasche ist leer nun, halbleer zumindest, aber davon möcht ich nicht mehr trinken, auch wenn du deinen Mund gar nicht dran gehabt hast. Gut, sage ich, gut, wenn das so ist, dann geh ich wieder. Aber kein Weg raus, kein Weg raus … und du siehst mich nicht, und du hörst mich nicht, und weil ich da bin, wo ich nun mal bin, muss ich alles sehen, sehe es auch, wenn ich mich wegdrehe, den Kopf an die Wand, *Shining*. 0,83 PROMILLE.

Da bleibt uns nicht mehr viel zu erzählen, oder? Da hast du ja nicht mal einen hochgekriegt und nur die Finger genommen, wo sie schon am Sterben war, nach dem Trichter und dem Wein und dem Schlagen und dem Würgen. Ist nicht so einfach, was?, wenn der Sex immer so weit weg war, in Gedanken und Fleisch. Und dann war alles wieder picobello, als deine Mutter kam, wie schnell ein Mensch da unten auf der halben Treppe in der Kammer steht. Und den Zahn noch fix mit dem Fuß unter den Küchenschrank. Hast du ejakuliert? Davon war nämlich nichts zu lesen, und auch nicht im Gericht … aber ich war ja nur einen Verhandlungstag da, und da war ich stellenweise etwas abgelenkt, musst du verstehen. Also auch von dir, wie du da so hocktest, die beiden Grünen hinter dir, die Arme verschränkt, ich meine, du konntest sie ja eh nicht anders halten, mit den Eisen um die Handgelenke –

111

In den Strömen

Sonntag, 16. August. Meine Frau ist zu Besuch. Seit Freitag ist es warm und klar. Es ist still in der Wohnung. Wieso höre ich sie nicht? Vielleicht schläft sie nebenan auf dem Bett. Ich liege auf dem Sofa, beobachte die Bilder überm Schreibtisch; Gesichter, Nackte, eine Eisgiraffe, ich. Wir wollen rudern fahren, nachher.

Ich habe ein paar Wochen lang geschrieben. Wenn ich schreibe, muss ich allein sein. Mein Hund lebt noch. Vor zwei Tagen hat er meine Küche vollgeschissen. Schwarz, dünnflüssig, mit Schleim und etwas Blut durchsetzt. Ich hatte schon die Nummer vom Tierarzt bereitgelegt, der Tierbestatter ist rund um die Uhr erreichbar. Er hätte die Leiche weggeschafft zur Einzelkremierung, zweihundertsiebzig Euro plus diverse Nebenkosten wegen der Ascherückführung in einer Urne. Doch das alte Tier hat sich noch einmal berappelt. Kohletabletten und Schmerzmittel. Es geht ihm wieder ganz gut, ich spüre das. Er hat den ganzen Vormittag im Hof in der Sonne gelegen. Dort will ich auch die Urne vergraben, unter einem alten Kirschbaum. Die Kirschen hat er bis zum letzten Jahr gerne gegessen, wenn sie halb vergoren auf der Wiese lagen. Ich glaube, das war wegen des Alkohols. Leicht schwankend ist er dann über den Hof und die Wiese gelaufen, die Schnauze am Boden, auf der Suche nach Rauschverstärkung. Jetzt hat er kein Interesse mehr an vergorenen Kirschen.

Meine Frau ist zu Besuch, schreibe ich. Wir wollen rudern fahren. Ich kann nicht immer nur alleine sein und schreiben. In Wahrheit schreibe ich selten und dosiert, liege die meiste Zeit auf meinem Bett oder dem Sofa, bewege den *Rohstoff* in meinem Kopf, bin in Paralleluniversen, wenn die Portale sich öffnen, ansonsten warte ich … (Ein Physiker in Dresden hat sich den Kopf weggesprengt, wartend, im Schlaf, genauer: in einer bestimmten Periode des Tiefschlafes; eine selbst vom BKA kaum zu entschlüsselnde Apparatur hat den Sprengstoff in einer Art Helm zur Explosion gebracht, sobald diese Tiefschlafphase erreicht wurde, damit sein Unterbewusstsein, mit seiner Seele, in einem Sekundenbruchteil durch das geöffnete Portal in eine andere Dimension gelangen konnte. Mir geht das oft durch den Kopf, wenn ich liege, warte, Dresden, Leipzig −)

Mein Antiquar, von der *Bücherinsel*, hat uns zum Rudern eingeladen, ich bin noch nie rudern gewesen, zwar schon ein-, zweimal in einem Boot, aber nicht aktiv an der Fortbewegung teilnehmend. Eigentlich hasse ich solche umständlich endenden Sätze. Meine Frau ist zu Besuch? Ich schreibe und lebe in den Nächten, schlafe am Tag, sehe kein Licht mehr über Wochen, obwohl die Sonne jetzt im Sommer sehr spät untergehen müsste, aber der Planet bewegt sich in einer immer steiler werdenden Ellipse von ihr weg, wenn ich schreibe; und ich suche Stille, *Klarheit*, oder warte ich? Wir müssen bald los.

Ich trage nur ein Unterhemd über der Hose, weil es so

warm ist. Seit Wochen habe ich Rückenschmerzen, die strahlen aus in meinen gesamten Unterleib und bis runter in die Beine, ich spüre meine Hoden und meine Prostata auf eine unangenehme Art und Weise und mache Gymnastik, Ausgleichssport, gehe schwimmen. Sehe deshalb ganz gut aus in diesem Unterhemd, denke ich. Die Stadt wird von vielen kleineren Flüssen und Kanälen zerschnitten, Pleiße, Parthe, Elstermühlgraben, Weiße Elster, Karl-Heine-Kanal. Der Stadt fehlen Berge und ein großer Fluss. (Wien, Dresden, Bratislava, Halle/Saale, Saragossa, New York.) Es klingelt. Wir haben nicht viel an, ich suche ein frisches Hemd und werde nicht öffnen. Aber es klingelt weiter. Es ist ein aggressives Klingeln geworden, zwei-, dreimal hintereinander, Pause, dann wieder zwei-, dreimal hintereinander. Ich öffne grundsätzlich nicht, wenn ich nicht weiß, wer draußen steht. Meine Frau weiß das, und auch sie verhält sich ruhig. Ich schleiche zum Fenster. Ich wohne im Erdgeschoss und sehe das Hinterrad eines Fahrrads durch die Lamellen der Jalousie. Das Vorderteil und der dazugehörige Mensch stehen anscheinend schon auf der Schwelle der Haustür. Ich werde nicht öffnen. Es ist 15 Uhr 45, und gegen 16 Uhr 30 wollen wir bei den Booten sein. Der Hund hat angefangen zu bellen. Es ist mehr ein heiseres Husten und Grollen, manchmal, nachts, hustet er minutenlang im Halbschlaf wie ein Schwindsüchtiger, Doc Holliday. Ich weiß nicht, warum ich an Doc Holliday denken muss, diesen Tbc-kranken Revolverhelden und Spieler, der eigentlich ein Zahnarzt war. Wollte ich den nicht zu einem Romanhelden machen, auf mysteriöse Weise in die Gegenwart versetzt?

Aber das spielt keine Rolle jetzt, denn der Mann vor meiner Tür wird den Hund hören, das Fenster ist gekippt.

Wenn ich es schließe, wird uns das verraten. »Clemens!« Fast ein Schrei. Er klingt wie sein älterer Bruder. Der ist tot, seit sieben, acht Wochen. Big Boy und Little Boy, wie die beiden Brüder in diesem Neo-Western. *Hi Lo Country*. Ich wollte sie zuerst nach dem Bruderpaar in dem Western *The Wild Bunch* benennen, Lyle und Tector Gorch, die am Ende brüllend in ihren Untergang gerannt sind. Little Boy erschießt Big Boy, Kain und Abel, aber eigentlich passt das nicht zu dem Mann, der draußen steht, und seinem toten Bruder. »Sie konnten nicht miteinander, aber sie konnten auch nicht ohne einander«, hat ihre Mutter mir mal gesagt. Also LB und BB, ich muss mich entscheiden, auch wenn es vielleicht blöd klingt.

Aber ich muss die Realität etwas umgestalten, muss die beiden schützen auf ihren immer steiler werdenden Wegen, der Lebenden und der Toten, und bevor ich die Antike nach passenderen Brüdernamen durchsuche, die nordische Mythologie vielleicht (Thor und Loki – der Donner und die List), und ich suche *Klarheit*, Big Boy und Little Boy. Ich nenne meinen Hund manchmal Boy (am liebsten nenne ich ihn Schwarz-Äug wegen seiner dunklen Augen), und nennt meine Frau mich nicht auch Boy bisweilen?, ich verändere die Realität. (Im Kosmos des Timm Thaler taucht eine Gestalt namens Boy auf, erstmals sogar in der Stadt Leipzig.)

»Ich bin's, Clemens, mach doch auf!«

Ich drücke den Summer. Ich höre, wie er an der Haustür rüttelt. Jemand hat abgeschlossen, obwohl erst Nachmittag ist, und ich hole den Schlüssel und gehe durchs Treppenhaus runter zur Tür. Ich lasse ihn rein, er stellt sein Fahrrad an den Kasten mit den Stromzählern. Am Lenker ist eine Hupe, ein kleines, silbernes Horn mit einer Gummikugel, die man zusammendrücken muss. »Komm kurz rein«, sage ich, »hab nicht viel Zeit.« Dann umarmen wir uns. Er fragt, ob ich was zu trinken habe. Alkohol. Nein, sage ich. Ich habe noch ein paar Flaschen Weißwein in der Küche, aber wenn ich eine öffne, also die erste öffne, können wir nicht mehr über die kleinen Flüsse rudern. Er riecht nach Schnaps. Er ist jetzt dreißig Jahre alt, drei Jahre jünger als sein toter Bruder, und ich kenne ihn, seit er vierzehn ist. BB und LB gehören zu den acht oder neun besten Freunden, die ich habe. Wir haben viel zusammen erlebt, sind im selben Viertel aufgewachsen, wohnen immer noch dort, und wenn wir uns treffen, erzählen wir immer wieder dieselben alten Geschichten. Abstürze, Ausbrüche, Märchen und Legenden über verrückte Menschen, Frauen, Bullen, Brüche, Verlorengegangene, wahnsinnig Gewordene, Komisches auch, worüber wir lachen müssen … »Wie geht's Trinker-Thilo?«

»Nicht so gut. Lässt sich jetzt in den Arsch ficken und lutscht Schwänze.«

»Sicher?«

LB ist sich sicher, erzählt von dem Typen, der immer im Taucheranzug aus Neopren schläft, »stockschwul, der Gummimann«, der ist spindeldürr, denn er schwitzt Liter in diesen Anzügen. Als ich ihn zum ersten Mal vor ein paar Jahren bei Trinker-Thilo traf, hatte er einen großen Plastikbeutel dabei, in dem war der Anzug, anscheinend plante er von Anfang an, bei Trinker-Thilo zu schlafen. Er ist auch nie allein dort, hat seinen Freund dabei, den schwulen Ralf, der jedes Mal, wenn er bei Trinker-Thilo schlief, dessen Bett (anfangs überließ Trinker-Thilo es Ralf und legte sich aufs Sofa) vollpisste und vollwichste. (»Eine riesen Sauerei«, sagt Trinker-Thilo, »ich musst's bei 90 Grad waschen.«

»Verdammt nochmal, ich würd' den rausschmeißen oder durch die Scheibe kloppen!«) LB erzählt, dass die beiden jetzt Trinker-Thilos einzige Freunde sind, Trinker-Thilo hat seit über zehn Jahren keine Frau gehabt, vielleicht ist diese große Einsamkeit der Grund dafür, dass er nicht mehr allein auf dem Sofa schläft. Vielleicht hat er Spaß dran? Wer weiß. (Ich habe irgendwann im Frühjahr mein Diktiergerät mitlaufen lassen, als mein Freund LB bei mir war, ohne dass er es merkte, da lebte sein Bruder noch. Ich höre mir das manchmal an, aber ich will es nicht verwenden, wir haben getrunken, nein gesoffen, vollkommen enthemmt, und geredet, nein gebrüllt, vollkommen enthemmt, es ist ein einziger Strom des Wahnsinns. Ich bin sonst skrupellos, aber ich muss LB schützen, nicht zu viel Realität, vor allem jetzt, wo sein Bruder tot ist. Ich habe auch nicht die Kraft, all das abzuschreiben, winzige Details reichen manchmal, die sind ja in meinem Kopf, kommen von allein, wenn ich auf meinem Bett liege und warte, bis die Portale sich öffnen.)

Ich will aus der Stadt verschwinden, sagt LB, auf die Malediven. (Später sagt er *Mauritius*, wir suchen auf meinem alten Globus, pusten den Staub weg, finden aber beides nicht.) Zuerst nach Kiel. Habe dort Arbeit, dann mit der Firma auf die Malediven.

Machst du richtig, sage ich, verschwinde von hier, mach was ganz Neues, da kann's nur besser sein für dich … aber deine laufenden Verfahren?

Die Malediven (Mauritius?) haben keinen Auslieferungsvertrag mit Deutschland. Noch darf LB das Land verlassen. Er streichelt meinen Hund, der sich vor ihm auf den Teppich gelegt hat.

Als er noch D. gehört hat, habe ich ihn mal ausgeführt,

weißt du noch, sagt LB, das muss zwölf Jahre her sein, da hat er mich kilometerweit durch die Straßen bis in den Park geschleift. Jetzt kann er kaum noch laufen.

Wann willst du fahren?

Ich fliege, sagt er, heute Abend schon.

Wir reden über einen Taxifahrer, einen Freund der Familie, der seinen Bruder immer ins Krankenhaus gebracht hat, der fährt mich auch oft, meistens auf den Bahnhof.

Wie hieß diese Taxifahrerin noch gleich, frage ich, die BB immer angerufen hat, wenn wir in irgendwelchen Kneipen in anderen Teilen der Stadt waren? (Von wegen andere Teile der Stadt! Little Boy und Big Boy kamen kaum zwei Kilometer raus aus ihrem Viertel, aber manchmal will man nachts keinen Meter mehr laufen.)

XX, die war lesbisch.

Nein, sage ich, wirklich?

Die hat mir trotzdem mal schön einen gekeult, hat auch schön genuckelt. Da hab ich ihre Karre rumgefahren, plötzlich wollt sie wieder fahren, nichts gibt's, sag ich, bitte, sagt sie, du hast zu viel intus. Hier!, sag ich, nur wenn du mal schön rangehst. Geht die wirklich ran.

Ach was, sage ich, hast du ja noch nie erzählt.

Ein Gentleman … verstehste. Die ist tot jetzt. Schon 'ne Weile.

Nein, sage ich, wirklich? (Wollte sagen: Ist ihr dein Schwanz nicht bekommen? So reden wir, aber jetzt kommt's mir pietätlos vor, ist auch richtig scheiße, dass man so denkt überhaupt, meine Frau ist zu Besuch, da kommt sie gerade, ist im Bad gewesen, und ich stelle sie LB vor.)

Ihr Ex hat sie abgestochen. Da sitzt sie zu Hause auf der Couch, hat's nur noch mit Frauen, da kommt der Typ plötzlich rein, hat ja noch den Schlüssel, sticht sofort zu. Paar Jahre her jetzt.

Ich ziehe mir ein frisches Hemd an. Sei nicht böse, sage ich, wir müssen bald los.

Hättest dich mal melden können, sagt er, ist fast zwei Monate her seit der Beerdigung.

Ja, sage ich, du weißt doch, bin viel unterwegs. Schreibe grade an 'ner neuen Sache …

Er nickt, steht auf, setzt sich wieder. Ich werd Vater, sagt er plötzlich, hab die Krankenschwester von Big Boy angebumst.

Ach was, hast du ja noch nie erzählt.

Sechster Monat. Und ausgerechnet die Krankenschwester von Big Boy.

Wie lange weißt du's denn schon?

Nicht lange.

Vielleicht ist's ganz gut, dass du auf die Malediven verschwindest ….

Vielleicht.

Er lacht. Ist schon auf dem Weg zur Tür. Zieht zwei Grüne aus der Hosentasche. »Hab einen schönen Bruch gemacht vor paar Tagen. Fernseher, Computer, Kohle, vom Allerfeinsten!« Wir umarmen uns, und dann steht er vor seinem Fahrrad. Wieder fällt mir diese silberne Hupe am Lenker auf. Über den Sattel ist eine Plastiktüte gestülpt, damit er nicht nass wird, wenn es regnet. Er hat seinen Führerschein verloren vor ein paar Monaten, volltrunken, einen der Bullen hat er noch voll erwischt, mit der Faust. Ich mag LB, spüre das plötzlich sehr warm in mir, als wenn wir gerade Schnaps getrunken hätten, wie er da so vor dem Fahrrad steht und von einem Bein aufs andere tritt. Er ist, wie er ist, und ich bin froh, dass ich ihn kenne und sein

Freund bin. Mich stören seine Brüche nicht, kann das sogar verstehen. Vielleicht würde man dasselbe machen, wenn man schon immer tief in der Scheiße gesteckt hat. (Wer ist *man*?)

Würd' mich freuen, wenn du mir ab und an mal 'ne SMS schreibst, was hier so los ist.

Klar, sage ich, mach ich.

Ich hab doch das Handy von BB, das ist jetzt meins, musst also an ihn schreiben.

Hm, ja. Er hat mir das Handy gezeigt, als ich am Abend vor der Beerdigung bei ihm war. Wir haben zusammen BBs letzte Textnachrichten gelesen. Die meisten waren an seine Ex-Freundin. *Ich hab wohl nicht mehr viel Zeit, aber vielleicht kann ich mir noch ein paar Träume erfüllen.* Die Briefe eines Toten. Muss ich oft dran denken.

Komm gut rüber, sage ich. Du auch, sagt er.

Als er weg ist, ich höre ihn noch eine Weile draußen auf der Straße (die Hupe?), fällt mir ein, dass ich ihm diesen beschrifteten Bieruntersetzer schenken wollte, den ich im Mai aus der *Bukowski Tavern* in Boston mitgebracht habe. LB liebt Bukowski, hat alles von ihm gelesen. Vor ein paar Jahren habe ich ihm Hemingways *49 Stories* geschenkt, die Ausgabe, die ich 1997 am Fuß der Sierra Morena gelesen habe, in der Nähe von Cordoba, eine Stadt mit einem großen Fluss und Bergen.

Ich glaube, aber hoffe es nicht, dass er in paar Wochen wieder hier sein wird, im Viertel, keine Malediven, kein Mauritius. Und das Kind und die Krankenschwester? Ich weiß nicht, was ich davon halten soll. LB kann die Dinge nicht mehr richtig greifen, geht viel zu oft durch die Portale, seit sein Bruder weg ist; die Realitäten entgleiten ihm, vielleicht ist *sein* Helm mit dem Sprengstoff drin endgültig explodiert. Der Hund liegt immer noch auf dem Teppich, und als er aufsteht und ins Schlafzimmer humpelt, wo seine Matratzengruft ist, sehe ich den braunen zähflüssigen Klecks, rieche ihn jetzt auch. Ich hole Klopapier und Essigreiniger und ziehe mir Gummihandschuhe über. Meine Hände schwitzen, während ich auf dem Teppich hocke. Wir wollen rudern gehen, sage ich zu meiner Frau. Ich will mein (erdachtes? geträumtes? NEIN) Idyll zurück.

Mein Antiquar wohnt in einem kleinen Waldstück, das mitten in der Stadt liegt. Hinter dem zweistöckigen Häuserkomplex fließt der Elstermühlgraben. Ich will es kurz machen: 17 Uhr, wir lassen die Boote zu Wasser. Wir sind zu fünft, ein Zweisitzer und ein Dreisitzer, Kanus.

Die Böschung fällt steil ab, der Wasserlauf ist schmal und schlammig. Eine tote Ratte schwimmt dort, aufgedunsen und dunkelrot, wo sie aufgeplatzt ist.

Ich sitze in der Mitte des Dreierkanus, mein Antiquar im Heck, seine Frau vorne im Bug. Das andere Kanu fährt schon, ich sehe die Haare des vollbärtigen Kapitäns, er hat sie seit Jahren nicht geschnitten (aber ab einer bestimmten Länge hören sie auf zu wachsen, hat er mir mal gesagt), wie Robinson Ahab auf großer Fahrt, sie haben lange Paddel mit einem Ruderblatt an jedem Ende, fast synchron tauchen die beiden die Paddel in das dunkle Wasser, wie eine seltsame Schmetterlingsmechanik sieht das aus im Gegenlicht, die Sonne steht tief zwischen den Bäumen. Wir haben kurze Paddel, abwechselnd stoßen wir sie nach links und rechts. Wir nehmen Fahrt auf, gleiten in den Wald. Es ist schattig auf dem kleinen Fluss, Bäume wachsen bis an die Ufer auf beiden Seiten. Die Baumkronen berühren sich fast über uns, immer wieder müssen wir Äste und Zweige in Kopfhöhe umfahren. Der Zweier mit Ahab und meiner Frau ist kaum noch zu sehen, sie machen gute Fahrt. Wir haben mehr Tiefgang, mein Ruder stößt ab und zu auf Grund, wir setzen auf Sand- und Schlammbänken auf, müssen uns gemeinsam abstoßen. Ein großer Reiher flattert langsam vor uns her, als wollte er uns den Weg weisen in diesen halbtoten Dschungel, verschwindet dann im Dickicht. Im Uferschlamm stecken Autoreifen und runde steinerne Papierkörbe, die sind noch aus DDR-Zeiten, ein paar Jahre nach der Wende verschwanden sie allmählich aus dem Bild der Stadt, wer hat sie hierher gebracht?, ein verwitterter Pullover zwischen den Zweigen, halb im Wasser, vielleicht ist der Mensch, der ihn mal getragen hat, hier auch irgendwo. Ein kleiner Nebenarm, der zwischen den Bäumen endet, ist versumpft, von grüner Entengrütze bedeckt. Ich würde eine Leiche in einen Sumpf bringen, wenn ich sie entsorgen müsste. Ich denke an den Jungen, der das tote Mädchen letztes Jahr in den See gelegt hat, in dem kleinen Stadtwäldchen, nicht allzu weit von meiner Wohnung entfernt. Ich habe dort mit einem Freund vor Jahren mal einen riesigen Fisch geangelt, der riss an der Schnur, tauchte ab und schnellte wieder hoch, sein Körper sah schleimig und blutig aus, viele Jahre musste er schon in dem See leben, mutiert durch den Dreck und die Abfälle. Er ist jetzt immer noch dort, hat die Sehne zerrissen, ist noch einmal aufgetaucht, im Triumph, fast genau in der Mitte des Sees, und dann getaucht, den Haken in seinem blutigen Maul.

Mir schlagen Zweige ins Gesicht, vertrocknete Blätter, Insekten müssen dort gewartet haben, die krabbeln jetzt über mein Gesicht und durch meine Haare. Ich lege das Ruder auf meine Knie und schlage das Viehzeug tot, wische es weg. Was sind das, Fliegen oder Käfer, etwas will in meinen Mund kriechen, ich presse die Lippen zusammen und spucke es weg, aber da bewegt sich noch was, ich spür's schon an meinem Zahnfleisch, ich ziehe ein paar lange dünne Beine aus meinem Mund, ein halber kleiner Körper noch dran, könnte eine Spinne gewesen sein, ich hasse Spinnen, leide an schlimmer Arachnophobie, die Beine bewegen sich noch auf meinen Fingern, und ich schnippe sie, in Panik geratend, weg. Die beiden anderen Kanureisenden scheinen nichts zu merken, rudern schweigend, das Paddel nach links, das Paddel nach rechts, und als ich mich zu meinem Antiquar umdrehen will, sehe ich die schwarze Spinne auf meiner Schulter. Was sind das für Spinnen, die in Bäumen leben? Ich höre meinen eigenen Schrei, als wenn er nicht von mir käme, aus meinem aufgerissenen Mund, hoch und schrill verhallt er zwischen den Bäumen. Die beiden blicken mich an, ich bin in der Mitte ihrer Blicke, sie begreifen nicht, was passiert ist und warum ich schreie. »Schlag sie tot, schlag sie doch mit dem Ruder tot!« Aber da habe ich sie bereits totgeschlagen, mit der flachen Hand so stark auf die Schulter, dass sie mir schmerzen wird, bis weit in den nächsten Tag, Montag 17. August, und die Spinne klebt zerquetscht auf meiner Handfläche. Bevor ich sehen kann, ob sich auch dieser Kadaver noch bewegt und mit den langen Beinen zuckt, schüttele ich meine Hand immer wieder im schlammigen Wasser, tauche sie tief ein, dass ich den Grund berühre und dort kleine Steine fühle, sehr glatt und seltsam warm. Fast keine Strömung im Elstermühlgraben, aber wir fahren mit dem Strom, der uns bald zu einem Arm der Elster und zur Parthe bringen wird. Dort ist der Wasserstand höher, meint mein Antiquar. Ich fahre mit beiden Händen immer wieder über meine Kleidung, meinen Rücken, aber da sind keine Spinnen mehr, der Antiquar hat schon genau geguckt. Wir paddeln weiter. Käpt'n Ahab und meine Frau sind nicht mehr zu sehen. In meiner Wohnung verbrenne ich Spinnen mit einer Art Flammenwerfer, ein Feuerzeug vor einer Sprayflasche, Deo oder Desinfektionsspray, ich denke, dass das ein schneller Tod ist für diese Tiere. Meine Mutter sagt, die Milben werden mich auffressen, wenn ich die Spinnen töte. Einmal saß eine riesige schwarze Spinne draußen im Treppenhaus über meiner Wohnungstür. Sie muss sehr alt gewesen sein, groß wie eine Untertasse, zwei oder drei Tage saß sie dort, ohne sich zu bewegen, die Angst war immer da, nicht nur beim Betreten oder Verlassen der Wohnung. Ich habe sie mit einem Besen zerquetscht, hab mich nicht nah genug an sie rangetraut mit meinem Flammenwerfer. Ich habe den Besen schreiend immer wieder auf die Fliesen des Treppenhauses geschlagen, bis der Körper vollkommen zerlegt war, ich hörte ihn schon zerbrechen, als der Besen ihn das erste Mal traf an der Wand. Sie muss schon sehr alt gewesen sein. Ich träume oft von Spinnen, vielleicht sind das die Seelen der tausenden Verbrannten und Erschlagenen, die in meine Träume kriechen, aber Spinnen kriechen nicht, sondern *schnasseln*, rasend schnell ihre Beinchen bewegend.

Es ist still hier, die Sonne scheint vor uns durch die Bäume, verschwindet dann wieder hinter dichtem Grün. Irgendwo hinter der Uferböschung und den Bäumen verläuft eine große Straße, aber die Autos sind kaum zu hören, nur ein leises Summen in den wenigen Augenblicken, wenn die Blätter unserer Paddel in der Luft stehen, bevor sie klatschend ins Wasser fahren. Ein kleines vergittertes

Steintor zur Kanalisation direkt neben uns. Ich versuche, ins Dunkel zu blicken, aber wir gleiten weiter. Faulige Äste im Wasser, die wir umfahren müssen. Immer wieder sehen wir Nutrias, kleine Biber. Sie schwimmen neben dem Boot, hocken im Uferschlamm, sie müssen ihre Höhlen unter der Böschung haben. Der Laubwald um uns wird immer dichter, Vogelrufe, die ich nicht kenne, und kein Haus, kein Mensch zu sehen, als wären wir nicht mitten in der Stadt, alles verschwunden plötzlich, und wir in einem Urwald, der nicht endet, so lange wir auch rudern. Müsste nicht ein Arm der Elster vor uns liegen, ein größerer, breiter Strom, der uns zwischen Kleingartenanlagen und steilen Hausfassaden durch den Westteil der Stadt tragen wird? Vorbei an Fabrikanlagen, Kanalmündungen, Industriekanälen, Häuserfronten mit Fenstern direkt über dem Wasser, verwilderten Gärten, unter S-Bahnbrücken hindurch; da sitzt ein Nutria unter einem Birnbaum, aufgerichtet auf den Hinterpfoten isst er einen Apfel, das müsste doch eigentlich eine Birne sein, aber vollkommen rund liegt die Frucht, an der er knabbert, in seinen Händen, ein Obstgarten mit einem verfallenen Häuschen, dort müssten wir an Land gehen und kampieren, bis der Winter kommt. Wir treiben nahe am Ufer, und wir blicken ihn an, und fast sieht es so aus, als würde er lachen, viele Tiere scheinen zu lachen, wenn sie uns anblicken und wir sie –

Aber noch keine Gärten und Lichtungen und Häuser ums Wasser, das aber etwas breiter und tiefer wird jetzt, nicht mehr das verschlammte Rinnsal, durch das wir unser Boot an manchen Stellen schieben mussten, bis über die Knöchel im Schlamm. Nur dichtes Grün wie eine Wand, durchbrochen von einer schmalen verfallenen Mauer, die wie eine riesige, rötlichbraune Schlange, aus dem Dschungel kommend, fast bis ins Wasser kriecht, ein Stück weiter eine ähnliche Mauer, kaum einen halben Meter hoch, das ergibt keinen Sinn, was sollen sie begrenzen?, dann ein weiteres geometrisches Muster, ich kann sehen, dass diese Geraden leicht schräg durchs Dickicht verlaufen, alle in dieselbe Richtung, dann, vielleicht ein halber Kilometer liegt dazwischen, beginnt eine neue Formation von Mauern, diesmal neigt sich ihr Verlauf in die andere Richtung, den vorherigen entgegen, so dass sie sich irgendwo im Dschungel treffen müssen. Die versunkene Stadt Z … anhalten, durchs Wasser waten, den Mauern folgen, die Zeichen der Ruinen lesen, die Stadt Z, kleine Affen sitzen auf unseren Schultern. Amazonas, Südamerika, LB ist auf den Malediven oder in Mauritius, wir sind in Stadt L, keine Indios, keine Tempel, keine Expedition auf der Suche nach dieser alten Indianerstadt, von der nur noch ein paar Grundmauern in seltsamen geometrischen Mustern erhalten sind, irgendwo im Amazonas-Urwald, wann war das? 1925, 1930? Mister Percy Harrison Fawcett, Oberstleutnant der Armee Seiner Majestät, des Königs von England und der halben Welt, fand diese Muster und verschwand wenig später (nur Tim und Struppi sind ihm noch einmal begegnet). Ich muss ein Buch darüber schreiben, auf der Suche nach Z, Forscher und Vermesser, Abenteuer und Mysterium und ein bisschen Witz und Ironie, ich werde steinreich werden damit, aber nur, wenn es seicht und flach wird wie das Rinnsal, durch das wir unsere Boote steuern, kaum eine Handbreit Wasser unterm Kiel. In die Hölle würde ich uns rudern lassen, das bringt keine Millionen; Dschungelkrankheit *Espundia*, die frisst uns das Fleisch um Lippen und Nase von den Knochen, Käfer nisten sich in den Wunden ein, Moskitos legen ihre

Eier; der *Harnröhrenwels*, was für eine absurde Geißel der Schöpfung, nein, die Menschheit darf schon allein deshalb nicht aussterben, weil sonst der Harnröhrenwels seine Beschäftigung verlieren würde: »Der Harnröhrenwels (Tridensimilis brevis) ist ein parasitisch lebender Fisch aus der Familie der Schmerlenwelse. Er kommt im Amazonasbecken vor. Der Harnröhrenwels ist bis zu 3 cm lang. Seine Lebensweise ähnelt der des Candirú. Er sucht im Sand von flachen Flüssen Unterschlupf und lebt parasitär vom Blut in den Kiemen größerer Welse. Er kann, vermutlich als Fehlleitung, auch in die Harnröhre von Säugetieren (also auch Menschen) eintreten, die unter Wasser urinieren, woher sich der deutsche Name ableitet. In der Harnröhre stirbt er zwar schnell ab, muss dann aber zumeist chirurgisch entfernt werden.«

Ich will raus aus diesem Urwald der exotischen Ideen, geometrischen Spinnereien, Realitätsverschiebungen, in dem es zugeht wie in einem B-Movie, *Aktion Mutante*, denn der Harnröhrenwels existiert wirklich und ist klein und wendig genug, um durch eines der Portale zu schlüpfen, Stadt L, 16. August 2009, in den Strömen, das Kanu mit Ahab und meiner Frau sehe ich jetzt wieder, noch ein ganzes Stück vor uns, zwanzig, dreißig Meter oder mehr, sie haben angehalten, bewegen nur ab und an die Ruder, um nicht mit der Strömung weiterzutreiben. Hinter ihnen endlich eine Art Lichtung, ich meine, Himmel und Wolken zu erkennen, ist da der Hauptarm, der uns aus dem Grün führt? Wir nähern uns ihnen langsam. Sie sind nur schemenhaft zu erkennen im Gegenlicht, die Köpfe leicht gehoben, sie blicken wohl auf etwas, das direkt vor und gleichzeitig über ihnen sein muss, wir rufen: »Schiff ahoi!«, aber sie reagieren nicht, scheinen abwesend, aber doch konzentriert, blicken auf das, was da in der Mitte des Elstermühlgrabens in der Luft hängt. Und da hängt etwas, das erkennen wir, je näher wir kommen, die Ruder genauso sporadisch wie sie ins Wasser tauchend, da schimmert etwas bläulich, halb durchsichtig, aber dennoch materiell, an einem langen, weißen Faden hängend, der von oben aus dem Baumdach kommt. Ein bläuliches Pulsieren, zwei längliche Körper, schlangengleich, ineinander verflochten, die etwas absondern, das sich unter ihnen zu einer Art kleinem Kokon verbindet, alles schwerelos beinahe, wenn der Faden nicht wäre. »Tigerschnegel«, sagt Ahab mit tonloser Stimme. »Sie paaren sich. Wir dürfen nicht zu nah ran, sonst bemerken sie uns.« Es ist der Kokon unter ihnen, der so bläulich leuchtet und pulsiert. Die beiden ineinander verflochtenen Körper der Tigerschnegel sind mit einem feinen, weißen Schleim bedeckt. Sie hängen kopfunter, ich kann ihre kleinen Fühler erkennen, die so klein gar nicht sind, denn die Schnecken, und nichts anderes sind Tigerschnegel, sind zu einer beträchtlichen Größe geschwollen, auch der Kokon. Ich habe von diesem Paarungsvorgang gehört. (Im Internet auf *Youtube* finden sich Aufnahmen, wenn man so etwas wie »Schnecken Paarung« eingibt, aber kein Hinweis auf die Gefahren.) Die Schneckenart ist nur noch selten anzutreffen. Ihre Geschlechtsorgane, penisähnlich, an deren Enden der blau schimmernde Ballon wächst und wächst, kommen aus schleimigen Öffnungen auf ihren Köpfen, oberhalb der Fühler. Die meisten Schnecken sind Zwitterwesen. In dem Kokon verbinden sich Ei und Samen. Sie kriechen auf Bäume, die Tigerschnegel (leopard slug im Englischen), um sich, an dem Schleimfaden schwebend, Platz zu schaffen für diesen langwierigen Vorgang. Energien fließen, und wir starren auf dieses blaue Licht. »Sie werden ertrinken«, sagt Käpt'n Ahab, »wenn sie fertig sind, lassen sie sich fallen. Sie wissen nicht, dass Wasser unter ihnen ist.« Er rudert also sein Boot direkt unter das Gehänge, und wir rudern mit, können unseren Blick nicht losreißen von dem Kokon, der sich jetzt zu seiner maximalen Größe aufzublähen scheint, ein kleiner Riss in der Hülle, Strahlen, die sich fächerförmig ausbreiten wie die Mauern durch den Wald, Z im Zentrum, und jetzt? Wir sind erfasst, Zeit und Raum, die Tigerschnegel-Ellipse, ich habe davon gehört, Sekunden-Stunden, die Stadt und die Ströme werden absolut, relativ, what you think is where you are, *Wir wollen rudern fahren*, und wir rudern. Man kann, davon habe ich gelesen, eine Boing 727 mieten, 45000 Euro kostet das, die fliegt dann Achterbahnkurven, Parabeln (Geometrie habe ich als Kind gehasst, aber sie scheint mir doch vieles zu erklären), steil aufwärts von 7000 auf 10000 Meter und im Sturzflug auf 7000 zurück, maximal fünfzehn Mal (warum nicht öfter, weiß ich nicht, vielleicht hängt das mit der spontanen Materialermüdung zusammen), am Ende jeder Parabel tritt ein kurzer Zustand der Schwerelosigkeit ein, man lässt sich festschnallen, Gurte mit viel Spielraum, vielleicht schwillt auch das Gehirn ein bisschen an, Paarungen von Erinnerungen und Visionen, Vergangenheit und Zukunft.

Wir liegen in der Mitte des Elsterflutbeckens. Als Kind kannte ich nur diesen Teil, breit wie die Donau, »Was für ein riesiger Fluss«, dachte ich, aber ich sah nicht, dass er nur ein paar hundert Meter weiter sich wieder verengt, dass man glaubt, von Ufer zu Ufer springen zu können. Straßenbahnen und Autos fahren über eine große Brücke, auf der ich als Kind so oft stand, dahinter das Wehr, über das eine kleinere Brücke führt. Dort donnert das Wasser ins Flutbecken. Ich sehe das Riesenrad hinter den Bäumen. Dort ist der Rummelplatz, *Kleinmesse* heißt das in der Stadt L. Links und rechts erstrecken sich große Parkanlagen, »die grünste Stadt Deutschlands«, sagten sie früher. Den geschwungenen obersten Bogen einer Achterbahn kann ich erkennen. Rot-blau-grün, das Farbband der Wagen. Höre ich nicht das Schreien der Passagiere, die kopfunter hängen?, wenige Sekunden nur im Scheitelpunkt der Bahnparabel, wenn die Wagen nach unten eindrehen. Aber das Schreien kommt woanders her, unsere beiden Boote in der Mitte des Stroms scheinen zu verharren, obwohl wir die Ruder stillhalten und die starke Strömung uns weitertragen müsste; die Schreie sind hinter uns, noch hinter der Brücke, am Wehr. Wir drehen bei, Ahab kommandiert die Ruderschläge, wir stemmen uns gegen den Strom. Und da sehen wir, durch das Dunkel der Brücke hindurch, die kleinen Boote im Sturzbach des Wehrs. Und wir rudern, stoßen die Paddel mit aller Kraft in den Strom, kommen nur langsam voran, hören die Hilfeschreie aber so nah, als wären wir schon dort. An den Ufern, neben der kleinen Brücke über das Wehr, stehen Menschen, die gestikulieren, winken und schreien, es müssen die Eltern dabei sein, denn in den stürzenden Booten sitzen Kinder. Die Kleinmesse verschwindet aus unserem Blickfeld, Achterbahn, Riesenrad, auch das große neue Stadion, am anderen Ufer gegenüber, sehen wir nicht mehr, Kleinmesse-Stadion, die Spiele mögen beginnen; wir sind jetzt unter der ersten Brücke, die zweite Brücke führt über das Wehr, wir hören die Schreie nicht mehr, das Brummen der Autos über uns, das stählerne Donnern der Straßenbahnen in den Schienen, unter der Brücke ist die Strömung am stärksten, die Boote stellen sich quer, Ahab ruft. Nein, wir können nicht helfen, ob wir stehen oder vorankommen, entscheiden nicht wir, unsere Hilfe kommt zu spät, und wir sehen den Hubschrauber, der FLAPP FLAPP FLAPP über dem Wasser kreist.

Was war nur gewesen, und wie lange ist das her, ein Jahr, zwei Jahre? Strahlen, bläulich, fächerförmig durch meinen Kopf. Ein Kanufest mit Kindern, wie viele sind ertrunken auf dem Sturzflug durch das Wehr? Eins war's, und das tauchte erst Wochen später auf, Jahr 2008, keine Parabel, die zurück zur Wasseroberfläche führte. Nein, gern will ich nicht weg von dieser Kleinmesse, die ich so liebe. Stundenlang flaniere ich zwischen den Buden und Fahrgeschäften. Vor kurzem war ich dort in einer Gaudi-Bude, der Fußboden bewegte sich, die Räume schrumpften, ich bekam einen leichten elektrischen Schlag, als ich nach dem Geländer griff (aber vielleicht war das nur die statische Aufladung), und als ich eine sehr steile Treppe ins Obergeschoss hinaufkletterte, wo ein rotierender Röhrengang eine gewaltige Gaudi versprach, teilte sich diese Treppe, oder besser gesagt *Stiege*, plötzlich und unvermittelt, riss meine Beine förmlich auseinander, so dass mein riesiger Penis (bläulich anschwellend und pulsierend) über dem mittigen Abgrund baumelte, mein linker Fuß von der Mechanik aber nach oben gerissen wurde, dass ich ihn direkt neben meinem Kopf sehen konnte, der rechte Fuß fuhr nach unten, ein schreiendes Lachen, das meins war, dröhnte durch die Straßen dieser verzweigten Wagenburg, und dann umgekehrt, *kongruent* würde der Mathematiker sagen, also das linke Bein mit den ratternden Zahnrädern nach unten und das rechte neben meinem Gesicht, eine wahre Höllenpolka, mein Gott, und da vorne wartet die Geisterbahn, und die Schienenstrecke mit dem kleinen Zug und der Elektrolok, immer im Kreis durchs Märchenland, die die beiden Hundertjährigen betreiben und vorbei an Rehen und Schlössern steuern, er in der Lok, sie im Fahrkartenschalter, viel zu klein die Wagen für uns ausgewachsene Menschen, ich sitze quer in der ersten Klasse, die Schultern heben das Dach, und der Kopf flattert im Fahrtwind …

Warum können wir nicht anhalten und an Land gehen? Sekunden-Stunden, ich möchte es erklären, aber wer wird so etwas verstehen? »Und so regen wir die Ruder, stemmen uns gegen den Strom – und treiben doch stetig zurück, dem Vergangenen zu.«

Ende der Reise? Nein, noch nicht ganz, denn Fitzgerald, und von dem habe ich den Satz geliehen, schreibt von einem anderen Licht als dem, das uns jäh erfasste: »Gatsby glaubte an das grüne Licht, an die rauschende Zukunft, die Jahr um Jahr vor uns zurückweicht. Sie ist uns gestern entschlüpft, doch was tut's – morgen schon eilen wir rascher, strecken weiter die Arme.« Aber da stimmt was nicht mit den Bildern, wir spiegeln uns schief und verzerrt im Wasser. Grün und Blau und schwarzes Wasser, Kinder mit Kiemen auf dem Grund, die strecken die Arme nach unseren Booten. Und wir rudern inmitten der Stadt, die Pleiße haben sie hier freigelegt vor ein paar Jahren. Die Sozialisten hatten sie zugemauert, eine Kloake voller Industrieabwasser, deren Gestank die Stadt verpestet hätte und den Untergrund und die Katakomben verpestet hat. Die Ratten verließen die Abwasserkanäle und lebten in den Hinterhöfen. Aber das hatte auch sein Gutes, der Widerstand konnte in den rattenfreien Kanälen agieren, die Stadt L unterwandern, die Sozialisten haben die Höhlen unter ihrem Imperium ahnungslos freigeräumt, Ratten können keine Gasmasken tragen, aber der Widerstand erwarb sie im Schwarzhandel mit der sowjetrussischen Besatzung. Diese unterirdischen Kanäle führten bis in die Kasernen. Ich weiß das, denn ich habe in diesen stillgelegten Komplexen, die Kleinststädten ähnelten, als Wachmann gearbeitet, mit meinem Hund, 1999 war das, kurz bevor die Computer vor der 2000 kapitulierten und das Chaos auslösten. Ich hatte damals eine Zeitlang sogar den Verdacht, ein nach dem Abzug der Truppen zurück gebliebener Sowjetsoldat lebte dort, Ausstiegschächte gab es genug, auch unterirdische Bunker gefüllt mit Lebensmitteln für die Zeit nach dem *großen Schlag*. Schritte hörte ich da nachts auf den Fluren und Gängen der leeren Gebäude und Offizierkasinos, in denen es sogar riesige Schwimmbecken gab, mit Glasscherben bedeckt der Grund, ich leuchtete hinein vom Beckenrand aus mit meiner Taschenlampe Marke Maglite und hörte Geflüster auf Russisch, Selbstgespräche mussten das wohl sein, wenn das von den Scherben reflektierte Licht mich blendete; »Budjit, budjit« und »Nu pagadi!«; das traurige Summen der russischen Seele und das metallene Scheppern der Gullydeckel weckten mich aus meinem flachen Schlaf, ich hatte ein kleines Kabuff nicht weit vom Tor. Ein Teil der Hauptkaserne am Stadtrand wurde später zu einem Asylbewerberheim umgebaut, und vielleicht verschwand der rote Soldat, Budjonnys letzter Reiter, auch ohne Pferd, zwischen den Fremden.

»Kennst du diesen Film von Andrzej Wajda«, frage ich und drehe mich um zu meinem Antiquar, der wie gebannt auf das gewaltige Gebäude des Reichsgerichts starrt, das über uns am linken Ufer dieses Pleißestadtkanals auftaucht wie eine Burg, »*Der Kanal*, über den Widerstand gegen die Deutschen im Untergrund von Warschau?«

»Nein«, sagt er und sein Ruder fährt dicht an meinem Kopf vorbei ins Wasser, »Dimitroff.«

»Nein, nein«, sage ich, hier wird zu viel Geschichte aneinandergeschnitten wie in einem B-Movie, *Aktion Historia*, Georgi Dimitroff, verteidigte sich 1934 hier am Reichsgericht gegen die Nazis, ich weiß und schaue nach vorne und würde mich nicht wundern, dort im Wasser Heiner Müllers Engel der Geschichte waten zu sehen, Trümmer und Phrasen auf seinen Schultern zwischen seinen zerfetzten Flügeln. Genug, genug ...

»In diesem Film«, sage ich und hoffe, dass wir am Reichsgericht vorbei sind, wenn ich erzählt habe, was ich unbedingt erzählen *will*, schreie es laut übers Wasser, damit auch Ahab und meine Frau es hören, »da steigt ein Mann aus dem Untergrund, hat endlich den Ausstieg aus der Kloake gefunden, seine Truppe ist zersprengt, ein Mann und eine Frau aus seiner Truppe, das kann er aber nicht wissen, klammern sich an einen vergitterten Ausgang zur Weichsel und aneinander, sie werden dort krepieren, andere fallen den Deutschen in die Hände, andere fliehen immer tiefer in die Kanalisation und ersticken in den Klärgasen, und er kommt raus, sieht seine zertrümmerte Stadt, blickt sich um, alles KAPUTT und fast alle TOT und steigt wieder, resignierend, ins Dunkel hinab.«

Aber keiner hat mich gehört, wie es scheint, seltsam paralysiert rudern sie weiter, seit so vielen Seemeilen keine Insekten und Reptilien und Kriechtiere in Sicht, und ich selbst weiß nicht, ob ich gesprochen oder nur gedacht habe, *what you think is where you are*, denn die Burg über dem Ufer ist nur noch ein Steinhaufen, über den Hunderte von Menschen kriechen. Dem neuen Rathaus, ein Stück hinter uns zu sehen, fehlt der Turm, die große Uhr scheint in der Luft zu schweben. Genug, genug …

Wie hier rauskommen? Ohne zu erzählen, wohin uns die Ströme noch getragen haben? Die Hafenspeicher am Kanal im Westteil der Stadt, den der Führer durchbrechen wollte zu den großen Kanälen des Landes, dem Mittellandkanal oder dem Saale-Elbe-Kanal, wir waren auf den großen gefluteten Tagebauen am Rand der Stadt, auf deren Grund tote Dörfer liegen, aber wo war das blaue Licht.

Ich werde es forcieren, hier und jetzt: Ein Auge, rechts oder links spielt keine Rolle, ist geschlossen, ich kontrolliere das Lid und spüre das Pulsieren darunter. Dort habe ich, denn wir leben in einem B-Movie der Extraklasse, das blaue Licht der Stelen eingefangen, die säumen die wieder geöffnete Pleiße zur Straße hin. Öffne deine Augen … Fächerförmige Strahlen mitten durch unsere Hirne … Der Faden reißt. Die Tigerschnegel fallen in Ahabs Boot. Vor uns der Strom. Doch wir kehren um. »Gutes Wetter heute. Mein Nachbar hat den Grill im Garten vorbereitet.«

»Ja.«

»Ja.«

»Ja.«

Wir fahren, wohin wir fahren.

Tribünen

I

Das Pferd ist ohne Reiter. Es galoppiert mit den anderen
Pferden, bleibt in dem Pulk, weiß nicht, was es sonst machen soll, galoppiert im Vorderfeld, pilotenlos, den anderen folgend, die von ihren Piloten angetrieben werden,
Mensch und Tier verschmelzen, die bunten Renntrikots
und Kappen und die braunen oder schwarzen Leiber der
Pferde, 1500 Meter, und nur dieses eine, *Superstar*, Wallach, entmannter Hengst also, auf sich als Tier allein gestellt, dunkel und langgestreckt im Galopp, und wir sehen
den Jockey, T. Schurig (das T. für Tom oder Thomas), zurück
zur Startbox laufen, enzianblau leuchtet sein Trikot, das
Oberteil seiner Rennbekleidung (*enzianblau* schreibt die
Sportwelt), wir sitzen auf der anderen Seite der Bahn auf
der Tribüne, ein Stück neben uns, in einem abgesperrten
Teilbereich, der Rennkommentator auf einer Art kleinem
Balkon, ein riesiges Fernglas vor seinem Gesicht, mehrere
Mikrofone vor ihm, und wir hören seine Stimme nicht aus
seinem sich pausenlos bewegenden Mund, sondern schein-
bar etwas zeitverzögert (um eine tausendstel Sekunde,

aber das kann nicht sein, das wäre doch nicht wahrnehmbar) aus den zahlreichen Lautsprechern unten auf der Wiese zwischen Tribüne und Bahn, die fast alle auf uns gerichtet sind, *Völker höret die Signale,* »... *Superstar* reiterlos geworden direkt nach dem Start, vor ihm *Prachomius* in zweiter Position, *Orange Sky* dicht auf, vorne hat immer noch *For Pro* mit einer Länge das Kommando ...«

Wir sind ruhig, ganz ohne Fieber, beobachten, wie das Feld in die Zielgeraden einbiegt, *Superstar* immer noch hinter den ersten beiden galoppierend, läuft sein verlorenes Rennen weiter und bis zum Schluss, und auch für uns ist es verloren, seit der Jockey fiel und sich nicht halten konnte, als er mit *Superstar* aus der Startbox brach, der Knall der aufspringenden Türen wie ein Startschuss, bereit, dieses Rennen für uns auf 1 oder 2 oder 3 zu beenden, wir hätten nicht mal einen Sieg gebraucht, aber ihr habt's uns schon auf den ersten Zentimetern versaut, nein, wir sind ruhig, dieser Zwischenfall wird unsere Planungen, Berechnungen und unser Glück nicht zu sehr beeinflussen, erstes Rennen, knapp dreißig Euro im Topf, eher in der (Klo-)Schüssel jetzt, eine Kombinationswette, Dreiereinlauf, aber noch sieben Rennen offen, Halle/Saale, 22. August, die hellen Plattentürme der Neustadt hinter den Bäumen.

Die Pferde beim Ausgaloppieren, die Jockeys entspannen sich, richten sich auf, reden miteinander, eine junge Amateurreiterin hat den Favoriten *Pixie Dust* (nur) auf Platz 3 gesteuert, *Superstar* immer noch mitten unter den Pferden, weniger schweißglänzend als die anderen, weil er niemanden tragen musste, nur die Bleiplatten mit den Gewichten in den Satteltaschen, eine Frau läuft über die Bahn, Zaumzeug und Lederriemen über ihre Schulter gelegt. Ich sehe den Wallach *Orange Sky*, der lag nicht allzu weit zurück hinter den ersten drei, vor ein paar Monaten ging er in Leipzig mit einer ganz guten Quote an den Start, die Nummer 12 in diesem Rennen, meine Frau, oder war es jemand anderes?, sagte mir am Telefon, ich soll auf die Nummer 12 setzen, warum?, ist nur so ein Gefühl, Quersumme 3, 3 ist meine Glückszahl, setz auf Sieg!, gut, sagte ich, mach ich, aber ich entschied mich anders, konnte einfach nicht an Nummer 12 glauben, glaubte nicht an den Sieg, Platz vielleicht, aber dann müsste ich viel Geld setzen, 100 oder 200, damit es sich lohnt, 200 Euro war ich schon im Minus, und da war ein anderes Pferd, das muss doch gewinnen, wie gut das im Führring aussah, wie hieß das noch gleich, *Win For Sure*?, nein, das war woanders gewesen, also das letzte Geld auf dieses Pferd, das nicht *Win For Sure* hieß, und dann lief *Orange Sky* das Rennen von der Spitze aus, führte Meter um Meter, ein, zwei Längen, schob sich, das Feld hinter sich, in seinem Windschatten immer näher Richtung Ziel, und ich schwitzte, nein, nein, du darfst nicht gewinnen, wie steh ich dann da, wenn du gewinnst, lügen könnt ich, dass ich viel Geld mit dir gewonnen habe, die Quote noch bei 130 für 10, das sind 650 bei 50 Euro Einsatz, und ich wollte ja sogar 100 setzen, also 1200 netto!, aber das Geld wär' ja nicht da, ich müsste es von meinem fast leeren Konto nehmen, um es vorzuzeigen, schau, was ich mit deinem Tipp gewonnen habe, lass uns fein Essen gehen, lass uns verreisen!, nun fall schon zurück, nun werd schon gefressen!, die anderen rücken immer dichter auf, mein Hengst ganz gut dabei, 50 für 10 für 100 gespielt, Mitfavorit, reelle Chance, ganz reelle Chance, und dann liegst du, *Orange Sky*, wirklich nur noch auf 2, kurz vorm Ziel, was für ein Glück!, aber mein Tipp, meine sicheren 500, plötzlich weit weg, ganz weit weg, wie ist das möglich, er galoppierte doch eben noch gut auf der Innenseite der Bahn, und du, mein Telefonjoker, den ich nicht gezogen habe, kommst recht sicher auf 2 ins Ziel, die Platzquote noch hoch genug, um alles rauszureißen für mich (Meine Frau behauptet später, sie hätte es mir überlassen, Sieg *oder* Platz zu tippen. Lügen.), unglaubliche 56 für 10, wenn ich da 50 oder 100 oder 200, der Himmel wäre wieder rosarot gewesen … (Zweimal hat UKG seine Mutter angerufen, sag mir eine Zahl zwischen 1 und X, je nachdem, wie viel Pferde liefen, zweimal hat es geklappt, aber wir müssen an Berechnung und Kalkül glauben und nicht an so etwas flatterhaftes wie das Glück!)

Die Beine sind wie Gummi jedes Mal, wenn ich pleite von der Bahn taumele, das Donnern der Hufe nicht nur in den Ohren, sondern über meinen ganzen Körper hinweg, Halle, Dresden, Leipzig, Berlin … aber verdammt nochmal, wie oft habe ich Bündel mit zerknitterten Scheinen in meinen Taschen gehabt, wie oft haben die Planungen, die Berechnungen und das Glück gestimmt, vor kurzem erst hier in Halle/Saale glatte 1000 gewonnen, aber davor eine ganze Weile *Nichts* und *Minus*. Und vor wenigen Wochen war ich eine Bewegung meines Zeigefingers von einem weiteren Tausender entfernt. In Bad Doberan fand ein Rennen statt ich hatte mich bei einem Wettanbieter im Internet angemeldet, eigentlich für ein Rennen in Düsseldorf am selben Tag wie das Rennen in Bad Doberan bei Rostock, die Ostsee in Riech- und Sichtweite, und ich laufe schwitzend durch mein Viertel, der Automat ist ein paar Kilometer entfernt, und die Zeit wird knapp. 15 Uhr 30, *Mharadono* startet um 16 Uhr 10 in Düsseldorf, wieso dieser Geruch nach Algen und Fisch?, der geht nicht weg, so schnell ich auch laufe,

ein heißer Tag, vielleicht verdunstet das Wasser der großen Seen, der gefluteten Tagebaue am Rand der Stadt, in
der Leipziger Tieflandbucht wehen seltsame Winde. (Viel
später stelle ich fest, dass ich ein paar von meinen Fischöl-
kapseln in der Brusttasche meines Hemdes mitgewaschen
habe, und das Meer also immer bei mir, Bad Doberan ...)
Paysafe-Karten nur aus diesem einen Automaten, sagt das
Internet, mit dem Zahlencode auf den Karten kann ich
mein Onlinewettkonto aufladen, ich habe keine Kreditkarte, und das ist die einzige Möglichkeit, auf *Mharadono*
zu setzen. Und ich muss auf ihn setzen, weil er in Leipzig
lebt und trainiert, der beste Galopper Ostdeutschlands,
zwei Außenseitersiege in hochdotierten Gruppenrennen
in den letzten beiden Jahren, an einem guten Tag kann er
alle überraschen, und heute ist ein hervorragender Tag,
das spüre ich, es ist Zeit für einen großen Gewinn. Und ich
muss etwas gutmachen mit diesem Pferd, denn 2007 bekam ich einen Tipp, *Mharadono* in Hannover, über 400 für
10 die Siegquote, 50 wollt ich setzen im Wettbüro, aber
eine Frau hat es mir ausgeredet damals (eine Frau, meine
Frau, keine Frau), wir sind ins Kino gegangen statt ins
Wettbüro, wieso hab ich drauf gehört?, als ob ich Haus
und Hof und Erspartes verspielen wollte, lächerliche
50 Euro, siehst du, so moderat spiele ich und habe alles im
Griff!, und über 2000 wären das gewesen, daran muss ich
immer wieder denken, während ich, mit den Fischen und
den Algen, die großen Seen, verstehst du?, durchs Viertel
eile, zu diesem Automaten, von dem ich nicht weiß, ob er
überhaupt existiert.

Und all das immer noch in meinem Kopf, während ich
in Halle/Saale auf dem Rennbahnscheißhaus sitze und darüber nachdenke, ob es ein Zeichen ist, dass ich aus der

Nachbarkabine ganz deutlich, obwohl geflüstert, den Namen *Rosegarden* vernehme, ich kenne das Pferd, derselbe Trainer wie bei *Mharadono*, außer Form seit Wochen und Monaten, aber hier auf der Bahn einmal Zweiter, schon über ein Jahr her, aber ein Triumph damals, die Phalanx der großen Rennquartiere durchbrechend, und fast noch gewonnen, und heute? Kann sie (Stute) sich erinnern? Hat der Trainer wieder einen Coup geplant? Ist das der Tag für eine neue große Leistung? Ist der Boden weich genug? Verdammt nochmal, was flüstern uns die Winde?

Und ich stehe vor diesem Automaten, der mir nie vorher aufgefallen ist, schiebe schwitzend Schein um Schein in den Schlitz, Touchscreen, ich tippe auf 50; einmal, zweimal, dreimal, der Automat summt andere, viel längere Scheine in den Ausgabeschacht, ein Vietnamese steht in der Tür des kleinen Restaurants, vor dem der Automat befestigt ist, und blickt misstrauisch zu mir rüber, schnell nach Hause!, der Vietcong ist überall. 16 Uhr, und ich renne eine Abkürzung durch den Park, der bis vor ein paar Jahren ein stillgelegtes Bahngelände war, Güterbahnhof, Eilenburger Bahnhof, Gleise, stählerne Eisenbahnbrücken, Schienen, die sich kreuzen, verfallene Fabriken und Lagerhallen mit Verladerampen, aber das ist jetzt fast alles verschwunden … ein große langgestreckte Parkanlage, und nur die S-Bahn fährt noch über eine der Brücken, direkt hinter meinem Haus. (Ich habe einen Traum, den habe ich immer wieder und seit Jahren schon, S-Bahnen fahren auf mehreren Ebenen übereinander, eine gewaltige Hochbahn, die Ebenen am Haltepunkt Angercrottendorf mit stählernen Treppen und Leitern verbunden, ein stetiges Abfahren und Ankommen von Zügen, Menschenströme auf den Leitern und Treppen, ein nicht enden wollendes

Quietschen und Brummen, Bremsen und Anfahren, und in den Nächten dazu die Lichterketten der Waggons, und ich steige aus, stolpere die stählernen Stiegen runter auf die Straße, hetze um den Block, ein winziger Spätverkauf neben dem anderen, dabei steht hier doch alles leer, Menschenschlangen auch vor diesen Geschäften, und ich hetze um den Block, schmale Gassen, wo keine sind, und wieder die Treppen, KLONG KLONG KLONG, hoch zu den Zügen, ich stehe auf der obersten Ebene, und das Viertel klein unter mir ...)

Und ich sehe, wie *Mharadono* das Rennen über zwei Drittel der Distanz führt, aber ich weiß jetzt, dass er nicht gewinnen kann, nicht locker galoppiert er, meine Augen berühren fast den Bildschirm (Flachbildschirm, kein Flimmern!), ruckartig, angestrengt, und die Favoriten ruhig im Windschatten, aber vielleicht kann er Dritter werden, dann hätte ich mein Geld mit leichtem Plus wieder drin, 50 auf Sieg, 50 auf Platz habe ich gesetzt, die Codenummern meiner Paysafe-Karten eingetippt, und dann sind die 100 weg, und ich habe noch 50. Und da ist dieses Rennen in Bad Doberan, der Juwelierhaus-Grabbe-Cup, und dort funkelt *Heart Forever*, großer Außenseiter, hat aber fast die meisten Saisonstarts in dem Zehnerfeld der wenig geprüften Dreijährigen, alle in Frankreich. »Formen aus der französischen Provinz sind nicht viel wert«, schreibt die *Sportwelt*. Nein, das glaube ich nicht, die Stute ist gut in Schuss, hat Kondition, und denkt ihr etwa, die bringen das Pferdchen den langen Weg bis an die Ostsee, um hier *nichts* und *nichts* und *nichts* zu reißen? Ich fülle den Wettschein aus, setze meine 50 Euro, 200er Quote, das wären 1000 für den Sieg, ich muss nur noch »Wette bestätigen« anklicken, habe den Finger schon auf der Maus, dann spüre ich eine

Unsicherheit, ein seltsames Brennen in der Magengegend, das rückt langsam höher, warum geht dieser Fischgeruch nicht weg?, Föhnwinde in der Leipziger Tieflandsbucht, und wenn sie nur Zweite wird?, in Düsseldorf wird später am Abend noch ein großes Rennen sein, für das ich einen heißen *heißen* Tipp habe, aber *Heart Forever* Forever Forever gewinnt das Rennen, schraubt sich auf den letzten Metern an allen anderen vorbei, und ich will meine Feuerwehraxt holen, die ich mir vor einer Weile auf dem großen Antikmarkt gekauft habe, und mir den rechten Zeigefinger abhacken, der immer noch über der Maustaste schwebt, krumm und steif geworden inzwischen, und in Düsseldorf, Rennbahn Grafenberg, verliere ich den Rest.

Wir schlendern zwischen den Bierbänken und Tischen entlang, unsere Rennzeitungen *Sportwelt* wie Segel vor uns aufgefaltet, die uns vorantreiben, Richtung Führring treiben, der von alten, großen Bäumen umstanden wird, Schatten, durch den bald die Pferde des dritten Rennens (siehst du die 8, nee der, sieht nicht gut aus, schau mal, wie der schon schwitzt, ganz schaumig, aber die 1, also wenn der nicht zündet heute, der tänzelt doch schon wie ein Gewinner!) geführt werden, brauchen *wir* Führung?, ab und an heben wir den Blick, um nicht zu kollidieren, und unsere Sonnenbrillen tauchen hinter den dicht bedruckten Segeln auf, I never promised you a *Rosegarden*, lief das nicht im Autoradio auf der Hinfahrt?, und sind wir da nicht gerade am Flughafen vorbeigekommen, und direkt vor uns, über die breite Brücke, die zwei Startbahnen verbindet, rollte langsam eine Boing, hier passieren viele Unfälle, Flug- und Autoverkehr auf mehreren Ebenen, eines Tages wird es hier Hunderte Tote geben, wenn die Autobahn zur

Landebahn wird, *Rosegarden* so weit zurück, dass wir sie nicht einmal im Rückspiegel sehen, »ein Herbstpferd«, sage ich, »zu warm noch, brennende Autos, brennende Flugzeuge, ab Mitte September wird sie wieder Rennen gewinnen!«

»Der Flaggenstart ist schuld«, sagt UKG, »Chaos schadet der Berechnung.« *Chaos*, die Pferde laufen im Kreis an der Startstelle, wenn der Starter die Flagge hebt, müssen sie sich ins Rennen begeben, egal, ob sie in diesem Moment außen oder innen, hinten oder vorne im Kreis sind, die Startmaschine steht neben der Bahn, eine Startbox ist wohl defekt im Moment, zwei Pferde sind zu früh durchgebrochen, auch *Rosegarden*, aber schnell wieder im Griff der Startmannschaft, ein weiteres Pferd galoppiert zehn, fünfzehn Minuten um die Bahn, zu Fuß und in Autos von Menschen verfolgt, ein Netz wird gespannt, *Fly to be free* ist dieses Pferd, sagt der Ansager, das ist nun doch eine Art Berechnung von irgendwoher, dass *Fly to be free* sich seinem Reiter entzieht, die Stute verschwindet zwischen den Büschen und Bäumen auf der anderen Seite der Bahn, taucht wieder auf, wird dann doch irgendwann eingefangen … und dann reiten die Übriggebliebenen an der Startstelle einige Minuten im Kreis, ein Manöver wie in einem Westernfilm, die Reiter haben den Mann mit der Flagge genau im Blick, sie müssen aus der Bewegung, aus der Ellipse kommend ihre Pferde auf die Gerade bringen, »halten Sie Ihre Hunde bitte gut fest, liebe Hundebesitzer«, sagt der Ansager, ein Hund ist wohl in die Nähe der Startbox gelaufen, ein Hund ist also schuld, dass wir auch dieses Rennen verlieren.

Wir sitzen wieder auf der Tribüne, die Segel gefaltet und gerefft auf unseren Knien, und studieren die Formen der

Pferde fürs dritte Rennen. Sie sind schon auf dem Weg vom Führring zum Aufgalopp. Wir träumen vom großen Geld. Wir wetten nicht mit 1 oder 2 Euro. Wir wollen unser Kapital verdoppeln, verdreifachen, verzehnfachen. Die Gewalten des Zufalls, der Quoten, der Formen, des *Systems* sind zu überlisten, außer Kraft zu setzen, wir glauben fest an diese Möglichkeiten, jeder Gewinn bestärkt uns in unserem Glauben, und es sind die ständigen Versuche, die ständige Beschäftigung mit dem *System*, die uns auf den richtigen Weg zu den großen Gewinnen bringen, Dreiereinläufe, die 3000, 5000, 10 000 bringen, gibt es oft, jeder Außenseiter gewinnt und platziert sich aus einem *Grund*, und nicht aus Zufall. (Ich habe vor einigen Jahren versucht, das Lotto-Syndikat mit zahlreichen Tippscheinen, in die ich zwischen 10 und 15 Zahlen nach einem bestimmten System eintrug, zu schlagen, aber das ist eine recht aussichtslose Sache, Pferdewetten und vielleicht noch Roulette sind eher machbar. Die Tipp-Systeme habe ich ein paar verrückten Mathe-Typen für gar nicht mal so wenig Geld abgekauft, die halb verschlüsselte Annoncen in verschiedenen Zeitungen aufgegeben hatten. Wenn du mit 15 Zahlen spielst, deckst du fast ein Drittel der 49 ab, du kannst mehrere Fünfer treffen, oder auch nur ein paar Vierer, da es kein Vollsystem ist. Das höchste Vollsystem, dass die staatliche Lotto-Gesellschaft einmal anbot, war 16 aus 49, das kostete über 12 000 Mark, aber ein Drittel der Zahlen war damit abgedeckt, ein einziger Vierer bedeutete somit mehrere 100 Vierer und mehrere 100 Dreier. Mein höchster Lottogewinn waren knapp 500 Mark bei einem Einsatz von 20; 5 Vierer und ein paar Dreier. Es gibt eine Zeitung, *Tipp mit*, in der sind Statistiken aufgelistet, welche Zahlen wie oft kamen oder wie lange schon fällig sind. Hat alles nichts genutzt. Ich bin fast ein Jahr lang mit zahllosen Scheinen quer durch die Stadt in verschiedene Lotto-Annahmestellen gefahren, weil es mir peinlich war, sie alle in derselben abzugeben. Mein Hausmeister, ein ehemaliger Spieler, gab mir mal einen Tipp fürs Roulette: Such dir eine Zahl aus und stell dich an den Tisch. Warte, bis sie 40-mal nicht gekommen ist, fällt sie früher, fang wieder von vorne an zu zählen. Nach 40 Runden setz 1000 auf diese Zahl, du bekommst das 35fache deines Einsatzes, wenn du sie triffst. Du hast also 35 Versuche, mit den vorherigen 40 sind das 75 Möglichkeiten, dass du die Zahl triffst und runde 1000 gewinnst, triffst du eher, gewinnst du mehr. Ich habe das nie ausprobiert, auch nicht mit 10 oder 100, sollte ich mal über 10 000 auf der Rennbahn gewinnen, werde ich es versuchen. Mein Großvater, der alt und grau hier in Halle wohnt, ganz in der Nähe des Flusses und dieser Insel zwischen den Strömen, und auf ein Zeichen wartet, das meine Großmutter ihm aus dem Jenseits zu geben versprach, hat einmal mehrere hundert D-Mark beim Roulette gewonnen, 1984 in der Spielbank Hannover, alles auf die 21, Quersumme 3, beim ersten Mal getroffen, ich muss irgendwann nach Hannover fahren und dort das erbliche Familienglück suchen, das irgendwo noch in den Räumen oder zwischen den Teppichen stecken *muss*, alles auf die 21! Es gibt wohl ein Black-Jack-System, das bringt kleine, aber sichere Gewinne, aber die Casinos haben das Procedere des Black Jack geändert, darüber schrieb Jörg Fauser.)

Wir sitzen auf der Tribüne und studieren die Formen der Pferde im dritten Rennen. Die Tribüne und die Wiese haben sich mit Menschen gefüllt. Viele Hunde auch, haltet eure Hunde fest. Mein Hund liegt zu Hause und stirbt sehr langsam. Halle ist eine schöne Stadt, es gibt Felsen und Berge entlang der Saale und eine Burg auf einem der Felsen und verwinkelte Straßen mit kleinen Häusern an den Hängen und am Flussufer, eine bewaldete Insel, die den Fluss in zwei Ströme teilt, über eine hoch geschwungene, kalkuliert schwankende Brücke zu erreichen, diese sumpfige Insel, in den Bäumen hängen dort Autoreifen und Plastiktüten von den Hochwassern, das Rauschen eines großen Wehrs in dem einen Flussarm, Freunde meines Großvaters sind dort ertrunken, eine kleine Schleusenstation in dem anderen Arm, geheimnisvoll das System dieser Tore im schwarzen Wasser. Die Rennbahn liegt auf der anderen Seite der Stadt, kein Fluss, keine Berge, und die nackten Türme der Neustadt hinter den Bäumen machen mir Angst jedes Mal. Die Nummer 4, *Leopardo*, ich weiß es, und weiß nicht genau, wieso. Außenseiter, 250 für 10. Erst einen Start, aber nur Dreijährige laufen in diesem Rennen, und einige starten zum ersten Mal. Aber kein Außenseiter siegt ohne Grund. »Etwas startschwierig«, sagt die *Sportwelt*, »wird sich mit mehr Routine auch zu steigern wissen.« Und das bedeutet doch, muss doch bedeuten, dass er bei diesem einen Start zuvor, als er letztes Pferd von sieben geworden ist, schlecht aus der Startbox gekommen ist. A. Best, der Pilot, hat das vorherige Rennen gewonnen, ist also in Schwung, guter Mann, hat *Leopardo* auch schon beim ersten Start geritten und wird jetzt wissen, wie er ihn gut abspringen lässt. Wie viel soll ich setzen?, 20, 50, 100? Zwei andere Pferde sind klar favorisiert. UKG tippt einen Dreiereinlauf, nimmt die Nummer 4 mit den beiden favorisierten Pferden in die Kombination, *Le Berlin* wird laut seiner Berechnung Erster oder Zweiter, muss es werden, das Bankpferd, sonst bricht seine Kombination zusammen. Und sie bricht zusammen, denn *Le Berlin* wird auf der Zielgeraden überlaufen, endet nur auf dem dritten Platz. Und es ist *Leopardo*, der ihn überläuft, der auf den letzten Metern unwiderstehlich, ja unwiderstehlich!, anzieht! Ich springe auf und schreie:»Geh, geh, geh!«, und er geht, driftet weit auf die Außenseite der Bahn auf der Zielgeraden, kämpft auch noch *El Okowango* nieder, der neben ihm nur eine halbe Länge zurückliegend, auf der Innenseite der Bahn galoppiert, und *Leopardo* gewinnt das Rennen, 219 für 10 steht die Quote zuletzt, verdammt nochmal, warum habe ich ihn nur für 20 gespielt, hatte ich den 50-Euro-Schein doch schon in der Hand! Ein alter Mann schimpft hinter mir, dass ich ihm die Sicht versperre, dabei ist das Rennen längst vorbei. Und seine Frau will ihn beruhigen, aber er nennt es eine Unverschämtheit, dass ich da vor ihm stehe, die Ohnmacht und Wut eines Verlierers … Berlin, Hoppegarten, ich sitze auf den unteren Treppenstufen der Brücke, die zur S-Bahnstation führt, die beiden Bahnsteige vor mir, Menschen, die warten, laut, still, zusammengerollte Segel der *Sportwelt* in manchen Taschen. Hinter der Brücke dunkel der Wald, in dem die Rennbahn kreisrund wie ein gewaltiges Ufo liegt, die Kommandozentrale der Tribüne und die Wetthalle dort im Inneren. Ich lehne am Geländer, die Beine wie Gummi, dass meine Knie sich berühren, Stimmen hinter mir, die Letzten gehen von Bord, wollen zurück in die Stadt, ich bekomme einen Stoß in den Rücken, der ein Tritt ist, denn noch einmal spüre ich den Schuh, dessen Spitze sich in meine Lendenwirbelsäule bohrt, bevor ich aufspringe.

(Seit Jahren drücken meine Lendenwirbel auf Nerven, quetschen sie an schlechten Tagen, weil sie schief sind diese Wirbel, durch Veranlagung und Geburt und drei

Jahre Schwerstarbeit auf den Baustellen in der Stadt L; Strahlungen bis in meine Fußsohlen, Hoden und Prostata und den gesamten Unterleib spüre ich auf eine sehr unangenehme Weise, die ich schlecht beschreiben kann, als wären dort Fremdkörper, die sich hin und her bewegen, ich mache Gymnastik, sooft ich kann, aber es sind Zyklen, Schmerz und Nicht-Schmerz, das Reiben der Wirbel.) Und da steht dieser alte Mann hinter mir, sagt es sei eine Unverschämtheit, dass ich hier auf der Treppe sitze. Seine Frau will ihn beruhigen, aber er ist vollkommen außer sich, Strahlungen, aus dem Wald und dem Ufo kommend, bis tief in sein Hirn, was ist das nur mit der Gattung Mensch los?, er schreit, dass mein Gesicht nass wird, eine Treppe ist eine Treppe ist eine Treppe, kein Sitzplatz nirgends, und da will ich ihm meine Faust ins Gesicht donnern, als Beweis einer Realität, die höher ist als seine, möchte den Dampfhammerschlag, den Bud Spencer erfunden hat, von oben auf seinen kahlen Scheitel krachen lassen, damit er wieder zu sich kommt. Aber er ist nur ein alter Mann, an dem seine Frau zerrt, der vielleicht viel von seiner Rente an diesem späten Nachmittag verloren hat. Geh weg, sage ich, schnell!, und seine Frau zieht ihn von dieser vorletzten Treppenstufe auf den Bahnsteig. Sie verschwinden zwischen den Menschen, ich will sie nicht mehr sehen, blicke in die Sonne über den Bäumen, höre ihn aber noch eine Weile, bis die S-Bahn kommt. Eine Unverschämtheit —

Das ist das Wort, sagt UKG. (Ich will nicht mehr nachts schreiben. Tabak ist das sinnloseste aller Gifte.) Ich begreife es nicht, sagt er. Aber ist es denn eine Unverschämtheit? Es ist nur eine winzige Verschiebung seiner Berechnungen. Der Dreiereinlauf des Rennens bringt über 11 000 für 10. *Leopardo* auf 1, dann *El Okowango* und dann *Le Berlin* auf Platz 3. UKG hat diese drei Pferde auf seinem Wett-schein angekreuzt, aber er saß bleich und zusammen-gesunken neben mir, als *Leopardo* nur für mich in Zeitlupe über die Ziellinie galoppiert, und noch mal zurück das Ganze, weil's so schön war, »Ja-ja-ja! Geh, mein Goldjunge, geh!«, wenn also die Startnummer 2, *Le Berlin*, statt auf Platz 3 auf Platz 2 gekommen wäre, oder aber UKG die Startnummer 2, *El Okowango*, als Bankpferd auf 1 und 2 ge-setzt hätte, statt der Startnummer 3, dann hätte er über 5500 Euro gewonnen, denn er hat die Kombination für 5 gespielt, das machte 60 Euro Einsatz, denn es gibt 12 Mög-lichkeiten, wie seine Pferde als die ersten drei durchs Ziel gehen. (Die Zahlen sind das gefährlichste aller Gifte.)

II

Wir stehen auf dem großen Steinbalkon. Hinter uns, auf-getürmt aus Kriegsschutt, der Berg, der früher das alte Sta-dion war, von Treppen und Zwischenebenen durchbro-chen, und halb im Berg, wie in den Krater eines Vulkans gebaut, das neue Stadion, nur halb so groß, aber immer noch viel zu groß, 45000 könnten dort brüllen; vor uns und unter uns die Wiese, in Bewegung. Es ist nicht genau überschaubar, was dort unten passiert. In der Mitte der Wiese fünf, sechs Polizeiwagen, Sixpacks, die im Kreis fahren. Relativ schnell fahren sie im Kreis, schneller als Schritttempo. Lange können die Fahrer das nicht durch-halten, ich begreife auch nicht den Grund. Wie eine Wa-genburg in einem Westernfilm sieht das aus, sich gegen die Angreifer schützend. Aber wer greift wen an? Vor weni-gen Minuten stürmten die *Gelben* die Böschung hinunter, ergoss sich ihr Strom auf das Grün dieser großen Wiese, auf der die *Grünen*, so schien es zumindest von hier oben, Richtung Haltestelle liefen. Wir sind die Grünen, Grün-Weiß, Chemie Leipzig, zweifacher DDR-Meister, 1951, 1964, jetzt Sachsen Leipzig, und die Gelben, Lokomotive Leipzig, Lok, *Klo*, Blau-Gelb, stürmten urplötzlich in diese Phalanx, Verwirrung stiftend, pöbelnd, um sich schlagend. Da liegen welche, da springen welche, da rennen sie hin und her, grüne Schals, blau-gelbe Schals, T-Shirts, Trikots. Viele neutral gekleidet, wer gehört zu wem? Berittene Polizei kommt erst im Trab, dann im Galopp vom Sammelpunkt an der Straße hinzu, reitet mitten unter die Angreifer, reitet mitten unter die Angegriffenen, die Leiber der Pferde lang und dunkel. Sechs Sixpacks fahren in die Mitte der Wiese, spucken Uniformierte aus, manche grün gekleidet, andere schwarz gepanzert, die Autos formieren sich dort zur Wagenburg, die Infanterie marschiert in Grüppchen zu den Angegriffenen, von denen sich wohl einige wehren, zu den Angreifern, die Knüppel erhoben. Da liegen einige, da rennen einige, da fliegen und stürzen einige, die Glieder verrenkt. Was machen wir hier oben, Steintribüne, bester Blick, wir sollten nach unten, in den Krieg, den Unseren helfen. Aber der Frontverlauf ist nicht durchschaubar, wer gehört zu wem? Die Berittenen treiben einen Teil der Gelben auf die Böschung zurück. Ich sehe kleine, sehr feine Nebelwolken, Pfefferspray. Ich sehe ein paar Leute, Alte und Frauen und Kinder darunter, die zur Seite rennen, sich Gesicht und Augen reiben. Zur falschen Zeit am falschen … Ortsderby, 23. August 2009, 5. Liga, Sachsen Leipzig gegen Lokomotive Leipzig. Das Spiel ist seit zehn, fünfzehn Minuten vorbei, die Spiele beginnen.

»Auf geht's, Leutzscher Jungs, auf geht's, Leutzscher Jungs, schießt ein Tor für uns, schießt ein Tor für uns! Auf geht's, Leutzscher Jungs, auf geht's, Leutzscher Jungs, schießt ein Tor für uns …« Das geht durch und durch, und wir stehen und singen und klatschen, dicht gedrängt in dem Block hinterm Tor. Genau genommen singe ich nicht, ich stehe nur und klatsche in die Hände. Ich bin kein Sänger, und auch die Sprüche gröle ich nicht mit, nur wenn mich der Zorn packt, brülle ich wie ein Vieh (Welche Hure, welches Vieh schuf die BSG Chemie? Welche Hure, welcher Bock schuf den 1. FC Lok?), brülle so was wie »Geh, geh, geh!« oder »Du Drecksau, mach dich vom Platz!« oder »Ja! Ja! Ja!« oder »Nein! Nein! Nein!« oder »—«, da weiß ich gar nicht mehr, was ich gebrüllt habe, muss mich schnell hinsetzen, denn ich habe das Gefühl, in meinem Kopf ist was weggeplatzt. »Mach ihn rein, Mensch, mach ihn doch rein!« Es geht hier heute nicht nur um Fußball, die Geometrie da unten ist dürftig, schiefwinklige Dreiecke, Geraden, die sich an den falschen Stellen schneiden, kein Pass des Pythagoras, Bälle hoch oben in der Luft, 5. Liga, Stadtderby. Aber hier geht es um mehr als um dieses eine Spiel. Die Stadt L ist geteilt, länger als Berlin nun schon, 1963/1964, die Leutzscher Legende, Betriebssportgemeinschaft Chemie, *the champion against all odds*, der Verein des Volkes, auferstanden nach der Neuformierung des Leipziger Fußballs durch die Mächtigen des fast vergessenen Staates, grün-weiß strahlend, und doch verblassend; auf der anderen Seite die dampfende Lokomotive, die ihre großen Erfolge in den Achtzigern feierte, mehrfacher Pokalsieger, doch nie Meister (!), denn die Titel des Vorgängervereins VfB Leipzig vor mehr als hundert Jahren sind nicht die Titel der Lok (auch wenn der Verein nach der Wende wieder Namen und die blau-weißen Farben des ersten deutschen Meisters annahm und erst wieder ablegte, als die Insolvenz und die Pleite alles zerschlugen), Europapokal der Pokalsieger Endspiel 1987, und die Mauer verschob sich in all den Jahren, und sie verläuft durch die Stadt wie die gefallene in Berlin, durch Viertel, Straßen, Wohnungen, Fabriken, Straßenbahnen, Familien, Grünanlagen, Eisdielen, Gespräche, Kneipen, Schulen, Köpfe kriecht sie sprunghaft beweglich und doch verwittert und granithart (eine gefiederte Schlange mit mutiertem Körper, beißend, züngelnd und vergiftend), auch bei den Spätgeborenen, die die Legenden von ihren Vätern und aus vergilbten Papyrusrollen kennen (Z und L, fächerförmig). »Wir haben euch was mitgebracht: Hass, Hass, Hass!« Pferde auf dem Spielfeld, die Blau-Gelben wollen den grün-weißen Block stürmen, haben die Tore zum Spielfeld durchbrochen, große, bullige Pferde, Bullenpferde, keine edle Abstammung, dicht nebeneinander, will denn keiner gewinnen?, ich setze 10, nein 20, chancenreich sieht der aus, der große Braune, der da, etwas voraus, in den Pulk der Hooligans bricht, ein Chaos auf dem Spielfeld, Rennende ziehen kreuz und quer Geraden und Dreiecke, Rhomben und Kreise durchs Grün des Rasens, Chaos schadet der Berechnung, aber was ist schon berechenbar in diesem Trümmerfeld des Leipziger Fußballs? Und da das große Banner im Block gegenüber: WIR SIND LOKISTEN, MÖRDER UND FASCHISTEN. Erinnerungen, Zeiten und Räume (Alfred-Kunze-Sportpark, Leutzsch, Chemie / Bruno-Plache-Stadion, Probstheida, Lok) mischen sich wie die Handlungsstränge eines Albtraums, aber hier und heute, alles ruhig?, knapp 15000 sind gekommen, zwei Drittel zu einem Drittel würde ich sagen, 6000 Chemiker, 9000 Lokisten, die

Grenzen haben sich weiter verschoben, klaffende Risse brechen auf in den Fundamenten der Stadt L. Ein österreichischer Getränke-Milliardär und seine rot-lila Bullen haben sich eine Festung gebaut vor den Toren der Stadt, und sein Syndikat konstruiert wie bei Jules Verne gewaltige stählerne Flügel an das ganze Areal eines Kleinstadtclubs in der Kleinstadt Markranstädt, die mehr ein Vorort ist, die spielen auch 5. Liga im Moment, aber weiter und weiter hinauf soll es gehen, RB Leipzig (verleiht Flügel), die Zukunft, RoBur der Herr der Welt?, oder ein neuer Albtraum?, flügelbrechend stürzt das *Ding* wie ein kaputter Aasvogel auf die brennende Stadt, oder ein Traum für die, die müde sind von den Grenzkriegen in der Provinz L? Was soll uns das kümmern, hier und heute, FC Lokomotive Leipzig gegen FC Sachsen Leipzig (nein umgedreht, denn es ist ja *unser* Heimspiel, obwohl nicht in unserer, sondern neutraler Festung, weil die brüchigen Fundamente dort die 15 000 nicht tragen), aber es ist ein endloses Klagelied, Gevatter Bach, J.S., der unter der Thomaskirche wohnt, lässt mit seinen dünnen Fingern einen Abschiedschoral durch die silbernen Orgelpfeifen und die ganze Stadt wehen, begleitet vom tausendstimmigen Thomanerchor der letzten dreihundert Jahre, dass die Fenster in allen Häusern klirren, denn wer einfach nur Fußball sehen will, der muss weg aus der Stadt L, den neuen Bundesländern, den ostdeutschen Provinzen, lange Wagentrecks voller Fußballneusiedler brechen auf Richtung Wittenberge, dort gibt es eine Furt über die Elbe, Grenzfluss zwischen Ost und West. »Nur ein Leutzscher ist ein Deutzscher!«

»El-Oh-Ka! El-Oh-Ka! (Festung Probstheida, Leipzig Südost / Festung Leutzsch, Leipzig West, und keine Furt, und kein Grenzfluss …)

154

Und im ZENTRALSTADION, weiter 0:0, *die Entscheidung lief auf ein Rechenexempel hinaus: Wer eine größere Anzahl von Quadratmetern mit der größeren Geschossmenge überschütten konnte, hielt den Sieg in der Faust* (In den *Stahlgewittern*, glaube ich, das Bild hat sich mir eingebrannt, galoppiert ein weißes Pferd durch eine Trümmerlandschaft), und wir hinter dem einem Tor, ein Teil noch in der Kurve und auf der Geraden links von uns, dort sind auch die zersprungenen Glasfenster des Presseraums und der VIPs, direkt unterm Tribünendach; die anderen blau-dicht-gelb gedrängt hinter dem Tor gegenüber und auf der rechten Gegengeraden, so viel Raum dazwischen, auf dem unsere Mannschaft, unsere Kämpfer anrennen gegen die verrammelte Kesselluke der Lok, ein Treffer nur, und die ganze Dampfmaschine explodiert! »Nun mach ihn doch rein! Zieh, zieh! Geh doch, geh, geh, geh!«

Und da geht einer, zweite Halbzeit nun schon, Seitenwechsel, immer noch 0:0, und unser Tormann direkt unter uns, da bricht einer in die Pufferzone, in den Todesstreifen zwischen den Blöcken, klettert über einen Zaun, rennt brüllend zwischen den leeren Sitzreihen entlang, ein wahnsinnig gewordener Lokist, zu viel Dämpfe aus dem Schornstein, vor sich die Polizeikette, die dort postiert ist, brüllt mit verzerrtem Gesicht, mit den Armen fuchtelnd, die Finger weit auseinander gespreizt, brüllt, dass ich seinem Atem und seine Spucke zweihundert Meter weiter auf meinem Gesicht spüre, aber ein Windhauch doch bloß, der Mann so allein (Ein Mann alleine hat keine verdammte Chance nicht!, schreibt Hemingway), und besonders kräftig sieht er auch nicht aus unter seinem T-Shirt. Aber er springt über die Sitzreihen, hoch und weit springt er dabei, und es scheint, er würde kurz in der Luft stehen, die Knie gewinkelt, bevor er wieder, in Sekundenbruchteilen, den Betonboden zwischen den Sitzschalen kontaktiert; bei uns hängen sie auch schon am Zaun, dicht gedrängt, übereinander und ineinander verkeilt, und brüllen ihm entgegen, nur einen kurzen Augenblick ist er gelöst von den Rotten, zwischen den Räumen allein, wie das weiße Pferd gestern in Halle, das durch die Startbox brach, aber schon kommen sie, um es einzufangen. Ein paar Polizisten bewegen sich von oben auf ihn zu, ein paar von vorne, das Spiel läuft weiter auf dem Rasen, 0:0, da ist einer bei dem jungen Mann, gepanzert der Gegner, hält was in der Hand, packt ihn an den Schultern, Zweikampf kurz vorm Ziel, und wir sitzen auf der Tribüne, nein, stehen jetzt im Fieber, und dicht auf die beiden, *Leopardo, El Okowango*, ein feiner Nebel um den Mann herum, Pfefferspray, in rauen Mengen, wie es scheint, und die nächsten kommen von vorne, besprühen ihn, packen ihn, als wäre er der HULK persönlich, dessen Körper, dessen Muskeln anschwellen, dass seine Kleidung zerfetzt (und etwas *Seltsames* rührt sich da in meinem Kopf, als hätte ich genau dieses Bild, Hulks grüner Körper, Mann zwischen den Blöcken, schon einmal auf der Netzhaut meiner Phantasie gehabt, zwischen Traum und Realität, als würden wir ewig die Zeitschienen rauf und runter fahren), und dann liegt er auf der Treppe, die Hände mit Kabelbindern auf dem Rücken fixiert, ja, mein Junge, so ist das, wenn man sich nicht unter Kontrolle hat. Und weg ist er.

»Auf geht's, Leutzscher Jungs, auf geht's, Leutzscher Jungs, schießt ein Tor für uns, schießt ein Tor für uns ...«

Und keine Tore im weiten Rund, 0:0, aber auch keine U-Bahn (Gedankensprünge!, die gefiederte Schlange züngelt durch mein Hirn), aber die fährt schon eine ganze

Weile nicht mehr. Und froh sind wir drüber, dass keine U-Bahn mehr fährt, obwohl ein U-Bahn-Tunnel, drei Stationen, Hauptbahnhof, Marktplatz, Bayerischer Bahnhof, unter unserer Stadt gegraben wird, ein Wahnsinnsprojekt, ein Schildbürgerstreich für fast eine Milliarde, der, da bin ich mir sicher, den Untergrund aufbrechen lassen wird irgendwann, dass die halbe Stadt donnernd in die Tiefe sinkt, aber die U-Bahn, die ich meine, fuhr bis Auschwitz.

»Eine U-Bahn, eine U-Bahn, eine U-Bahn bauen wir, von Leutzsch bis nach Auschwitz, eine U-Bahn bauen wir!« Himmelarsch, wenn auf dem Rasen nichts los ist, wie oft hab ich dieses Lied gehört (das Spiel plätschert vor sich hin, nur paar Minuten noch, eine kurze Unterbrechung gab es wegen paar Feuerwerkskörpern, es wurde sofort gedroht abzubrechen, als würden die Marmorklippen brennen)! Und dunkel in meinen Erinnerungen ist auch eine andere Strecke, von Probstheida bis nach Auschwitz, aber diese Gesänge gibt es nicht mehr, Grün-Weiß, auf zu neuen Ufern!, Mitte/Ende der Neunziger, daran denk ich nicht gern, denn wir, Chemie, sind die Guten! »Berlin, Berlin, Juden Berlin!« Ja, hoi (Oi, oi, oi, jammern die Seelen der Vergasten), was ist denn da los, Ostfußball at it's best! Aber auch das ist verstummt seit Jahren schon im altehrwürdigen Alfred-Kunze-Sportpark (genau wie der Evergreen, rein aus dokumentarischen Gründen angeführt: »Wenn das der Führer wüsst' / was Chemie Leipzig ist / dann wär' er nur in Leutzsch / denn Leutzsch ist deutsch!«), und heute, Zentralstadion, 23. August 2009, sowieso nicht mehr zu hören, blau-gelb ist der Abschaum dieser Stadt, Nazis, Schläger, Hooligangs, da wird auch schon mal ein menschliches Hakenkreuz gebildet auf den Traversen, da könnt ich schwören, dass es dieses Pack heut noch krachen lässt!

Und wir stehen auf dem großen Steinbalkon. Dreiecks-
formationen rammen in die Geraden. Was verdammt nochmal ist hier los? Pferdestaffel, Sixpacks fahren im Kreis wie
eine Wagenburg, L-O-K zeigt sein schmutziges Gesicht.
Wenn ich nur reich wäre und wenn jedes Wochenende
ein Pferderennen stattfinden würde in der ostdeutschen
Provinz, auf diesen Tribünen würde ich sitzen, auch wenn
Grün-Weiß, *Grün-Weiß, Grün-Weiß* ein Teil meines Lebens
ist. Müde bin ich. (Geh zur Ruh.) Geld verspielt (schließe
meine Augen zu), Illusionen weg, Stadt L, so ist's eben
immer. (Gevatter Bach / hab gut Acht / auch auf mich in
dieser Nacht.)

Und als ich mit meinem Fahrrad (auf der Wiese vorm
Stadion muss ich brüllen, weil ein halbwüchsiger L-O-K-
Rotzer einen vielleicht zwölfjährigen Chemiefan bespuckt
und bepöbelt) Richtung Innenstadt verschwinden will,
links im Blickfeld ein Mann mit Platzwunde an eine Mauer
gelehnt, wird mir der Weg versperrt, fünf, sechs Bullen
hindern mich an der Weiterfahrt, Hauptstraße, Bürger-
straße, der Bulle (kenn ich den nicht irgendwoher?), der
mir den Knüppel vors Gesicht hält, schwitzt wie ein
Schwein, »Das muss nicht sein«, sage ich, »nimm den Knüppel aus meinem Gesicht!« (Auf meinem Fahrrad sitze ich,
ein Bein stützt mich auf dem Boden ab.) Einmal, in Chem-
nitz, im Pulk der Fans, forderte mich ein Polizist auf, auf
dem Bordstein zu laufen und nicht auf der Straße (Zentimeter neben dem Bordstein lief ich, genau wie die Polizisten, die den Pulk begleiteten), aber warum soll ich darauf
reagieren, die Straße ist frei!, wieder sprach er mich an,
wieder reagierte ich nicht, und dann: American Football,
gepanzert der Mann, Bodycheck, BUMM war ich auf dem
Fußweg. *Hier hatte wieder ein Einzelner gegen die Sklavenhalte-*

rei des modernen Staates nachdrücklich protestiert. Der aber stampfte als unbekümmerter Götze über ihn hinweg. Am selben Tag sah ich Polizisten, schwarz gekleidet, Symbole auf den Rücken, Quadrate, Kreise, Dreiecke, die durch die Menge brachen, weil sie jemanden *kriegen* wollten, ein Mann wird weggeschubst, dreht sich um, hebt einen Arm in erschrockener Abwehr, BUMM liegt er, drei, vier Mann auf ihm drauf ... ach, diese Spiele. Aber auch bei den Bullen, da gibt's, wie überall im Leben, »so 'ne und solche«, wie mein Großonkel Fredie immer sagte.

Ich fahre mit dem Fahrrad nach Hause. Da ich nicht entlang kann, wo ich entlang will, fahre ich neben dem Fluss durch den Wald. Ich nehme eine Abkürzung, so glaube ich zumindest, schattig im Dickicht, im Auenwald, das Wehr rauscht hinter mir. Ich muss abbremsen, denn es hängt etwas in Kopfhöhe in der Mitte des Weges an einem weißen Faden. Das pulsiert und schimmert blau. Ich fahre sehr langsam drauf zu. Strahlen, fächerförmig durch meinen Kopf.

Tribüne, Alfred-Kunze-Sportpark, 20 000 Zuschauer, Bauchspieß und Scherbarth wirbeln unten auf dem Rasen, und, heilige Scheiße, der alte Alfred Kunze, unser Urvater, unsere Legende, steht persönlich an der Seitenlinie! »Keiner wird es wagen, keiner wird es wagen, unsre BSG zu schlagen, keiner wird es wagen ...«

Tribüne, Paris Longchamp, Prix de l'Arc de Triomphe. Unser deutscher Galopper *Wüstenfuchs* kämpft sich nach vorne, 500 Euro hab ich in seine Satteltaschen gepackt, Sieg!, Sieg!, Sieg!, und ich brülle mir die Seele aus dem Leib in diesen Handlungssträngen meines Albtraums.

Die Stadt M

Ich fahre durch die ostdeutschen Provinzen. Kann den Monat nicht festlegen, Frühjahr, Sommer, Herbst 2009, bis jetzt jedenfalls, und ich fahre in die Stadt M.

Das ist eine vergessene Stadt, mitten in der Börde, einer welligen, fast baumlosen Landschaft, einer großen, weitgestreckten Moräne aus der Saale-Eiszeit. Die Elbe kreuzt der Zug immer wieder und andere kleinere Flüsse und Kanäle. Wenn man Augen hätte wie dieser Mensch aus dem Märchen (gut schießen konnte der, und schnell laufen der andere, und einen gewaltigen Rucksack hatte ein weiterer der Freunde), könnte man den Harz sehen, links in Fahrtrichtung. Es regnet kaum hier, ein trockener Wind weht ganzjährig übers Land, das im Regenschatten der Harzberge liegt. Ich habe von den Bördebauern gelesen, die diese dunkle Erde lieben und ihre Hände tief in sie tauchen, weil sie so fruchtbar ist, auch wenn der Regen nicht fällt in der Moräne, ein Naturparadox, aber die vielen Flüsse, und die Sonne scheint seltsam blass hier, neblige Wolken hängen am Harz.

Und ich fahre in die vergessene Stadt M. Die Landesregierung hat dort ihren Sitz, aber ich habe noch keins der

Ministerien gesehen, als ich dort war. Man hört und liest nicht viel über diese Stadt, tief versteckt in der ostdeutschen Provinz. Bis Hannover ist es nicht weit, und auch bis Bielefeld, vielleicht zwei Stunden, in den alten Bundesländern, den westdeutschen Provinzen, machen sie Witze über die Stadt Bielefeld, sagen sie sei *leer*, menschenleere Straßen, unbewohnte Häuser, deren Fassaden große Schablonen seien, eine flache Betonperipherie, aber ich konnte das nicht begreifen, als ich einmal dorthin kam auf meinen Reisen. Das muss im Herbst gewesen sein, 2008, denn als ich ankam, war es bereits dunkel. Die Innenstadt ist gleich hinterm Bahnhof. Ein schmaler Boulevard, Kaufhäuser und Läden links und rechts. Ständig stieß ich gegen Menschen, ein Kommen und Gehen, mehrspurig in beide Richtungen, Gleise im Pflaster anderer Straßen, die ich kreuzte. *Du sollst diese Stadt, die du nicht kennst, erforschen.* Ich weiß nicht, wie ich zu diesem Rummelplatz kam. Ich trug einen dicken, kratzigen Pullover, den hatte ich in einem der Kaufhäuser gekauft, weil es kalt war plötzlich, und ein feuchter Nebel auf dem Boulevard, so dass ich ständig gegen Menschen stieß. Hatte ich meine Tasche im Hotel gelassen?, ja, ich war ohne Gepäck. Ich reise nie mit viel Gepäck, meist nur eine Tasche. Selbst wenn ich auf andere Kontinente fliege (ich war erst auf einem fremden Kontinent), habe ich nur Handgepäck. Ich hatte süßen Punsch getrunken, um mich zu wärmen. Und war da nicht dieses Plakat?, direkt an dem Punschstand auf dem Boulevard, vor dem sich die Menschen stauten, weil es so kalt war und sie süßen Punsch trinken wollten.

Am Eingang des Rummels stand ein kleiner Wohnwagen, die Tür angelehnt, und ein großer Aufsteller neben der Tür: WAHRSAGERIN MADAME L, KARTEN, KUGEL,

HANDLESEN – ERFAHREN SIE IHR SCHICKSAL. Ich hatte ein Taxi genommen, denn der Rummelplatz lag weit draußen, am Rand der Stadt. Ich konnte die Lichter schon von weitem sehen. Um das Areal herum lagen die flachen Häuser der Vorstadtsiedlungen. Und die schienen wirklich dunkel und leer zu sein, nur hier und da ein gelbes Fenster. Ich versuchte, durch den Türspalt zu blicken. Das kleine Fenster war von innen verhängt. Ich lief weiter, links und rechts Buden und Fahrgeschäfte, und *das* mussten sie meinen, die Spötter der Stadt Bielefeld, diese Leere zwischen den bunten Fassaden, denn kaum einen Menschen traf ich dort. Später erfuhr ich, dass zur selben Zeit ein Fußballspiel stattfand, oben auf der Alm, im ansonst flachen Land, Arminia Bielefeld. Ich habe diesen Berg mit dem Stadion nicht gesehen. Ich wäre gerne hinaufgestiegen und hätte auf die Stadt geblickt, vielleicht hätte ich den Rummelplatz erkannt, und, wenn ich Augen gehabt hätte wie dieser eine im Märchen, mich selbst zwischen den Buden und Karussells. Und nur wenige Menschen auf der Herbstkirmes Bielefeld, es hat angefangen zu regnen entzwischen (dieses Wort gibt es scheinbar nicht, ich muss *inzwischen* meinen), die Wolken werden aus der Börde kommen, aus der Endmoräne um die Stadt M.

Und an einer Schießbude bleibe ich stehen, ich liebe Schießbuden. Der Mann reicht mir eine Flinte, fünfundzwanzig Schuss. Weiß nicht mehr, was das gekostet hat. Weiß nur noch – und der Zug kreuzt die Elbe zum wiederholten Mal, über eine stählerne Brücke mit geschwungenen Bögen rattern wir und nähern uns –, dass das eine besonders schöne Schießbude war. Ich habe eine solche Schießbude noch nie gesehen auf meinen Reisen über die Rummelplätze. Ich habe Angst, dass sie verschwinden aus den Städten, weil keiner mehr hingeht. Ich lehne mich über die Theke, presse den Kolben der Flinte gegen meine Schulter. Ich ziele auf das Gebirge aus silbernem Metall. Kleine Berge, große Berge, Hänge und Täler. Und auf den Bergen und in den Tälern erscheinen KLACK KLACK KLACK ruckartig und sofort wieder verschwindend verschiedene Tiere, Jagdwild, Gemsen, Rehe, Hirsche, Hasen und sogar Vögel über den Gipfeln. Silbern glänzen sie, und ich rücke meine Brille zurecht und schieße sie ab. DING DING DING. Fünfundzwanzig Schuss, vierundzwanzig Treffer sagt mir eine Anzeige, die aus Hunderten kleiner Lämpchen besteht und jeden Blattschuss registriert, und der Mann in der Bude erzählt mir, dass dieses Gebirge aus den sechziger Jahren stammt. Und dann laufe ich weiter den leeren Boulevard entlang, die Taschen meines Mantels sind vollgestopft mit kleinen Plüschteddys, Schlüsselanhängern, Kugelschreibersets, Spielkarten und einem winzigen Billardtisch, der höchstens als Schreibtischdekoration taugt. Fünfundsiebzigmal hab ich geschossen und mindestens siebzigmal getroffen, ich könnte einen eigenen Ramschstand aufmachen, aber ich bin fast allein, der Herr dieses Rummels, nur ein paar Kinder und zwei dicke Frauen kommen mir entgegen. Ich fange zwanghaft an zu fressen, will alle Leckereien ausprobieren, stopfe panierte Blumenkohlstückchen, Bratfisch, Schmalzgebackenes, Currywurst mit Pommes Frites, Schokoäpfel am Stiel, Pilzpfannen, Spezial-Hotdogs, Magenbrot, Schokonussbarren und einen Erdbeersahne-Shake, in dem der Löffel steht wie in Beton, in mich hinein, ich habe Angst, dass eines Tages die Rummelplätze verschwinden aus den Städten. Und immer wieder stolpere ich durch diese Gassen, FRISCHES PILS, FRISCHES PILS, die Musik weht vorwärts, rückwärts mit dem Regen in mein Gesicht und in meinen Nacken, mein Wägelchen kracht durch die Türen der Geisterbahn, im DISCOFEVER-Karussell verdaue ich in Sekunden, und dann stehe ich wieder vor dieser angelehnten Tür, ERFAHREN SIE IHR SCHICKSAL.

Und ich steige aus dem Zug, Hauptbahnhof, und meine Arme baumeln kraft- und nutzlos und zum Glück gepäck-los mal in Hüfthöhe, mal auf Kniehöhe, alle Energien hat sie mir ausgesaugt, MADAME L, kräftig und gesättigt wird sie in ihrem Wohnwagen sitzen, während die Stadt M mich aufnimmt wie ein trockener Schwamm einen Was-sertropfen; es muss gegen Mittag sein, und ich taumele durch den Tunnel, in dem es von Wochenendmenschen summt, Frühjahr, Sommer, Herbst 2009, zu einer der Bänke auf dem Bahnhofsvorplatz. Die Leute werden den-ken, ich wäre betrunken, dabei habe ich nur Kaffee be-stellt im Speisewagen. Und je mehr ich versuche, nicht betrunken zu wirken, meine Beine und meinen Körper zu straffen, umso mehr Leute blicken mir hinterher, wie ich da so zu den Bänken schlenkere, Madame L zieht an den Fäden, in ihrem Wohnwagen in Bielefeld sitzend, und meine Gliedmaßen zucken unkontrolliert und spreizen sich vom Körper ab. Und da sitzen auch schon meine Trin-kerfreunde, grau und bärtig, Goldkrone, Goldbrand und Batterien von Bier, und zum Glück ist eine Bank frei noch, in die ich versinke. *Sie reisen viel. Sie riskieren Ihr Geld für un-sichere Dinge. Sie reisen viel, Sie sind kein Geschäftsmann, ich sehe die Karten eines Spielers. Sie sind ein kreativer Mensch, manche würden sagen ein Künstler. Ihre Eltern haben sich früh getrennt. Ich sehe eine seltsame Beziehung zu Ihrer Schwester … Sie haben doch eine Schwester? Die Geometrie verrät Ihnen viel. Sie glauben an die Berechnung und fürchten das Chaos. Verschiedene Gifte*

164

sind in Ihnen, Sie müssen vorsichtig sein mit den Giften. Ich sehe
Zahlen …

Was für Zahlen?

Verschiedene. M sehe ich.

Das ist keine Zahl …

13. Die 13 sehe ich sehr groß. Und 21 und 12. Quersumme 3. Und
die 13 ist 4. 3 und 4, und M ist 13. Und die 7 kommt dadurch hinzu.
Ihr Vorname beginnt mit C oder D. Sagen Sie, wenn es nicht
stimmt …

Und sie hält meine rechte Hand, streicht mit ihrer darüber, fühlt meine Linien, hat die Augen geschlossen, eben
noch hat sie auf meine Hand und die Linien geschaut. Und
ich werde müde, nicht einfach nur müde, es ist, als würde
etwas herausfließen aus mir, und ich versinke in dem Plas-
tikstuhl, und das Murmeln der Alten dreht sich in meinem Kopf wie das DISCOFEVER. Und sie hält auch meine
andere Hand, Lesen aus beiden Händen kostet extra, und
für die Karten habe ich auch bezahlt. *Sie haben Angst, aber*
Sie brauchen das Chaos.

Auf der Herdplatte der kleinen Einbauküche liegt das
Fell eines Fuchses, der Kopf sieht lebendig aus. Ich
wünschte, ich wäre ein Telekinet und könnte die Herdplatte über die Entfernung aktivieren. Ein seltsamer Geruch in dem Wohnwagen, der so klein und niedrig ist, dass
mein Kopf das Dach berührt. *Sie haben ein Haustier, das Ihnen*
sehr nahesteht … Es ist alt und wird bald sterben. Und sie legt
die Karten, schaut dabei Richtung Tür, bevor sie sie auf-
deckt, als würde dort etwas hereinkommen durch den
Spalt. Und ich verschwinde in dem Stuhl und hoffe, dass es
bald vorbei ist, denn alles fließt aus mir heraus, und wenn
sie meine Hände greift, in diese kleine, alte und doch sehr
dicke Frau hinein, die da fast zwischen den Wänden ihres

Wohnwagens festzustecken scheint. Und jetzt denke ich, dass sie genauso aussieht wie eine von diesen zwei dicken Frauen, die mir vorhin, auf dem Boulevard der Bielefelder Herbstkirmes lachend entgegenkamen. Aber das ist Unsinn, denke ich, sie wird gewusst haben, dass ich komme, hat gewartet auf mich, wer weiß, wie lange schon.

Und in der Stadt M, über den Bänken, hängen die Wolken tief, und dennoch spüre ich die Sonne, die es gewohnt ist, durch diese tiefhängenden Wolken zu strahlen. Kraft kehrt zurück, und als ich auf die große Digitaluhr schaue, die, in ein paar Metern Entfernung, mit Hunderten kleiner Lämpchen die Temperatur im Wechsel mit Uhrzeit und Datum anzeigt, ist es 13 Uhr 12. *Die 4 und die 3.* Ich stehe auf.

Und Stunden später, in einer kleinen Bar in der Nähe des Doms, der doppeltürmig und wuchtig wie eine Festung exakt in der Mitte der Stadt steht, erinnere ich das:

Der *Herrenkrug* liegt am Rand der Stadt M, in den Elbauen. Ich fahr in der Straßenbahn über die Brücken, sehe große Hafenspeicher, der Hauptstrom ist sehr breit hier, kleinere Nebenarme etwas entfernt, viele Bäume dort an den Ufern und bis ins Wasser, das wohl sehr hoch steht, dann bewachsenes Brachland und kleine Parks, je mehr wir uns vom Zentrum entfernen. Die Stadt fasert aus, überall Lücken zwischen den Häusern, Neubau neben Altbau, wieder ein Wohnblock ganz vereinzelt, Grün und Brachland, Reihen kleiner, flacher Häuser stehen schräg gegen die weite Straße, auf der wir fahren. Dann plötzlich ein großer, weißer Gebäudekomplex in einer weit geschwungenen Kurve, wie ein Schloss liegt er in dem Grün, von niedrigen Mauern umgeben, von mehreren Toren durchbrochen, ist das vielleicht der Sitz der Landesregierung?, neoklassizistische Stalinbauten, strenge Rechtecke, scharfkantige Quader, die Straßenbahn kreischt und klirrt in den Schienen, bis hierhin bin ich noch nie vorgedrungen auf meinen Besuchen in der Stadt M, meist habe ich nur den Dom gesehen, doppeltürmig, in den früher die Leute flüchteten, wenn das Wasser stieg oder die Pest die Stadt auskämmte oder der Krieg. Ob die Toten aus Dresden bis in die Stadt M kamen mit dem Fluss? *Du sollst diese Stadt, die du nicht kennst, erforschen.*

Warum bin ich hier? (»Endlich stellt er die Frage!« – »Seid doch still und stört ihn nicht!«) Ist es nur der *Herrenkrug*, die Zahl 13, die M ist? Nein, lassen wir doch diesen esoterischen Mist, es gibt eine Pferderennbahn hier, der *Herrenkrug*, dort bin ich noch nie gewesen. Und der Monat und der Tag? Samstag, Frühling, Sommer, Herbst, was spielt das für eine Rolle, ich habe die letzten Nächte von schwarzen Löchern geträumt, und wie das wohl so ist, draußen im Universum. Und manchmal ist eine Rennbahn der einzige Ort, wo ich sicher bin, sieben Rennen im *Herrenkrug*, auf der Brusttasche meiner Jacke trage ich einen Anstecker von Chemie Leipzig, ein Rechteck, das unten zu einem Dreieck wird, die Rückseite der Tribüne ist von schmalen Säulen durchbrochen, auf denen ein großer Balkon ruht, Neoklassizismus, ziemlich runtergekommen das Ganze, Bretter in den Fenstern, graue Flecken auf dem Weiß, Laubwald rund um die Bahn, eine größere Baumgruppe auch in der Mitte des Ovals, »oh, oh«, rufen sie dicht gedrängt auf der Wiese unterhalb der Tribüne, als die Pferde die Zielgerade erreichen, die Startstelle war verdeckt von der Baumgruppe, aus der plötzlich ein Schwarm Vögel brach, schwarz waren die, »rah, rah, rah«, rufen sie, weil ein Außenseiter die Gerade entlangzieht, vorbei am langgezogenen Oooo der Fiebernden, das Feld dicht hinter sich, das sind die Eineurotipper, die die hohen Quoten tippen, und die Fünfeurotipper, die auf die Favoriten setzen, wo ist die 4, wo ist die 3, mehrere Strommasten auf der anderen Seite der Bahn, auf der Gegengeraden, die ein Stück Horizont freigibt, die mehrspurigen Drähte zwischen den Masten scheinen zu flimmern in diesem Licht, tiefhängende Wolken, ist der Fluss nicht irgendwo dahinter?, ich werde mitgetragen im Strom der Menschen, zwischen Rücken und *Vorderhälften* bin ich eingeklemmt, die Füße kaum noch auf dem Boden, fruchtbare weiche Börde-Erde, der Fremde kann tief einsinken, bis zu den Knien, und gedämpfte Musik aus den Lautsprechern, klingt wie das Klappern der Tasten, Computer oder Schreibmaschine, wer benutzt heutzutage noch eine Schreibmaschine, hier in der Stadt M stehen zwei uralte Fernsehapparate, die Bildschirme in braunes Holz gefasst, auf kleinen Tischen unter den Schrägdächern der Wettschalter, dort warten sie dicht gedrängt, vor den Bildschirmen, auf die Quoten, die Zahlen, die Gewinne, und nur das Verspielte, von dem der Galoppsport sich nährt, nicht eingeblendet, aber hell und leuchtend in den Köpfen der Verlierer, schwarze Löcher, die immer mehr einsaugen, weil wir die Verluste minimieren wollen, ganz egal, wie viel schon im Pott ist (und wir können es immer noch zurückholen, Wettbüro, denn am Abend ist ein Trabrennen im Pott, in Gelsenkirchen), die Schrägdächer ragen nicht weit genug über die historischen TV-Geräte, denn als der Regen beginnt (und das rhythmische Schreibmaschinenhämmern der Musik wie eine Funkstörung aus den Lautsprechern, »and-I-wonder-how-I-wonder-who-stopped-the-train«), tropft und läuft das Wasser in die Apparate. *Lange Sätze* macht dieses Pferd und löst sich vom Feld, ich kenne es, habe es schon in Halle gesehen, als es auf der Zielgeraden immer unrunder lief und hinter *Leopardo* zurückfiel, *Le Berlin*, groß und wuchtig, unschlagbar in der Stadt M, und die Farben auf dem Bildschirm stimmen nicht mehr, das Wasser tropft ins Innere und zerstört langsam die Steuerungselemente, rosa schimmert der Rasen jetzt in der Wiederholung dieses Zieleinlaufs, grünlich flackern die Pferde, und nicht nur die Farben, auch die Relationen verändern sich wie in den schwarzen Löchern, und der Jockey auf *Le Berlin* teilt sich, hängt nach links, hängt gleichzeitig nach rechts, zweitürmig auf dem Rücken dieses immer breiter werdenden Doms, dann wird das alles kleiner, ein immer kleiner werdendes Quadrat, und wir rücken näher ran, Kapuzen und Regenschirme, als könnten wir es aufhalten, die geringsten Niederschlagsmengen in Deutschland in der Moräne der Saale-Eiszeit, und immer kleiner wird das Bild, aber so langsam, dass wir noch einmal sehen, wie dieses Pferd, das nur noch ein dunkler Haufen in der verlöschenden Bewegung ist, triumphiert, bevor nur noch ein Rechteck, in der Größe einer Zigarettenschachtel … und das alles in wenigen Sekunden, aber zeitverzögert, so dass hinter uns bereits das nächste Rennen beginnt, während wir immer noch staunend auf diesen winzigen Lichtpunkt starren, bis alles schwarz ist. Und der Regen fällt.

Und *das* ist *das*, was ich erinnere in dieser kleinen Bar in der Nähe des Doms der Stadt M, in die ich gereist bin, um die Dinge zu begreifen. (»Was für Dinge meint er denn?« – »Seid doch nicht so ungeduldig, lasst ihm Zeit, er wird es schon erklären!«)

Ist das ein Rest der Stadtmauer, diese Mauer, die den Dom abgrenzt vom Fluss? Als die Straßenbahn auf dem

Rückweg vom *Herrenkrug* über die Brücken fuhr, schien es mir, als wäre das Wasser gestiegen, auf den Ufern der Nebenarme sah ich nur noch die Kronen der Bäume, in den schwarzen Strudeln der Ströme. Nur Sekundenbruchteile sah ich das aus den Augenwinkeln, konnte kaum den Kopf drehen, weil die Straßenbahn über die Brücken raste, klirrend und kreischend in den Schienen, als wäre das verzerrte Bild hinter ihr her, dieser dunkle Haufen *Le Berlin*, der doppeltürmige Reiter treibt es an mit vier Händen.

Und Bewegung draußen auf dem Domplatz, Menschen strömen zusammen, ich sehe das durch die Scheibe, drehe langsam den Kopf, rauche, obwohl ich aufgehört habe zu rauchen im Frühjahr 2009, die Türen des Doms sind geöffnet, und ich sehe Menschen, die hineingehen, der Pulk auf dem Platz wird kleiner, nur wenige kommen wieder heraus, laufen abseits des Stroms, die haben seltsam verzerrte Gesichter, als hätte ihnen da drinnen etwas ganz und gar nicht gefallen, irgendein Schrecken hat sie ergriffen, wie sie orientierungslos vor meiner Scheibe taumeln. Und ich rauche, obwohl ich das nicht will, die Schachtel vor mir auf dem Tresen. Ich habe ein paar Zigaretten herausgenommen und sortiert, genau 4 Stück, die liegen neben meinen Gläsern. Und während ich das Wimmeln der Verängstigten beobachte, die Taschen voller Geld, 4 und 3, und die 13 ist M, da habe ich dieser verdammten Esoterik abgeschworen und dennoch mit ihr gewonnen, aber ich habe gewusst, dass ich gewinne, sonst wäre ich nicht in die Stadt M gefahren, wo jetzt die Dinge (und *das* ist *das*) außer Kontrolle geraten, aber die Scheibe schützt mich, also da überlege ich und denke daran, mich zu schützen vor den Giften des Tabaks. *Die Zahlen sind das gefährlichste aller Gifte.* 4 Zigaretten sollten reichen, nicht wahr?, und ich habe schon die Schachtel in der Faust, denke aber an das *Chaos*, das ich kürzlich im *Brick's* angerichtet habe, mit einer ähnlichen Idee. Die Idee war, mich zu schützen vor den Giften des Tabaks, *Chaos schadet der Berechnung*, 4 Zigaretten hatte ich rausgenommen aus meiner Schachtel, das wird wohl reichen für die paar Drinks, die ich im Keller, also im *Brick's*, nehmen will. Also bin ich mit der Schachtel aufs Klo gegangen. Wollte sie hinterspülen, 4 Kippen auf dem Tresen neben meinen Gläsern. Hab die Schachtel in der Hand zerquetscht und sie tief ins Klo gedrückt. Die steckte dann in dieser Öffnung unterhalb der Schüssel. Und ich hab sie tief in diesem Schacht verkantet. Und gespült danach. Aber das Wasser staute sich im Becken, schwappte fast über in den Raum. Und da griff ich in das Wasser im Becken, mitten in den durchsichtigen Strudel, meine Hand im weichen Boden der Börde, und ich schiebe die Schachtel noch tiefer in den Schacht. So weit, wie ich komme mit meinem Arm. Aber das Wasser fließt nur sehr langsam ab, die Schachtel steckt fest, und als ich noch einmal spüle, ist die Schüssel wieder voll und schwappt über. Das wird sich schon geben, denke ich, und gehe zurück zum Tresen, wo meine 4 Kippen neben meinen Gläsern liegen. Und später, viel später, sind diese 4 Kippen aufgeraucht, das *Brick's* ist gut gefüllt um diese Zeit nach Mitternacht, die Klos sind gut besucht, ertönt der Schrei: »Verstopft, das Wasser kommt«, und lässt meine Gläser klirren, und Minuten vorher habe ich mir eine neue Schachtel geholt am Automaten, weil die Gier nach dem Gift mir keine Ruhe gelassen hat, kurz hatte ich überlegt, in diese Klokabine zu gehen und die Schachtel aus dem Nass zu ziehen, aber sie ist ja nicht mehr verwendbar, meine Schachtel hat alles verkantet und gestoppt, die gesamte Barmannschaft rennt zu den Klos, und ich hoffe, es ist ihnen nicht aufgefallen, dass ich zweimal am Automaten war und dass meine Spezialmarke verantwortlich ist für diesen gewaltigen Scheißestau, denn um nichts anderes kann es sich handeln, Schreie des Ekels dringen an mein Ohr. Und nur deshalb nehme ich die Gifte an und versuche nicht, sie zu entsorgen im Schacht dieses Scheißhauses in der Stadt M.

Und das Wasser steigt unten am Fluss, und ein Treiben eben noch auf dem Domvorplatz, all diese Wochenendmenschen, zu denen ich ja auch gehöre, der Mann aus dem *Herrenkrug*, und alle drängen sie in den Dom, doppeltürmig, der geometrisch genau, so habe ich es zumindest gehört und auch gelesen, groß und wuchtig in der Mitte der Stadt M sitzt, und alle Not und alle Angst in sich aufnimmt.

Es gibt keine Huren in der Stadt M. Sagt der Barkeeper. Sinngemäß. Weil ich ihn gefragt habe, wo es hier Huren gibt. Sinngemäß. Ich habe das Wort »Club« benutzt. Wo man hier einen guten Nachtclub findet, habe ich gefragt. Wegen der Landesregierung, sagt er. Die wollen so was hier nicht. Verteilen deshalb wohl keine Konzessionen. Ich kann mich erinnern, dass ich auf der Internetseite *Hobbyhuren.de* mal ein paar Annoncen von Wohnungsprostituierten in der Stadt M gesehen habe. Aber in der Bildzeitung, die hier in der Bar auslag, stand nichts. Nur Werbung für einen einzigen Club in Wolmirstedt. Aber wo verdammt noch mal ist Wolmirstedt? Wenn du was erleben willst, sagt der Barmann, dann musst du nach Wolmirstedt. Wo ist Wolmirstedt. Gar nicht so weit, sagt der Barmann, ungefähr vierzig mit dem Taxi. Euro, denk ich, oder vielleicht Kilometer oder vielleicht beides, ich kenne die Kilometerpreise in der Stadt M nicht. Der Domplatz ist leer, es hat aufgehört zu regnen, aber die Scheibe ist noch nass. Ich sehe zwei Tropfen, die von oben kommend ihre Spuren über die Scheibe ziehen, ich favorisiere den Linken, obwohl der noch etwas zurückliegt, aber der Weg nach unten ist noch weit. Nun werde ich aber abgelenkt, weil der Barmann über die Huren und Wolmirstedt erzählt, wo es wohl eine berühmte Bockmühle gibt, was ist eine Bockmühle, habe das Wort noch nie gehört, sicher eine Mühle auf einem Bock, also so, dass man darunter hindurchgehen kann, unter der Mühle hindurch, ein Bock hat ja 4 Standfüße, und darauf die Mühle, so steht sie etwas höher und kann die Winde einfangen. Viel scheint es ja nicht zu geben in diesem seltsamen Wolmirstedt, W ist 23, Quersumme 5 – 3, 4, 5 – das scheint zu passen, und ich zahle. Taxis links neben dem Dom, sagt der Barmann, als er mein Trinkgeld nimmt, der scheint sich ja sicher zu sein, dass ich nach W will, so mir nichts dir nichts mitten in der Nacht, 3, 4, 5, ist aber noch Abend, gegen 8. Wann genau beginnt die Nacht? Gibt es da eine feste Stunde, sagen wir 9 oder 10, also 21 und 22? Oder hängt das mit den Jahreszeiten zusammen, je nachdem, wann es dunkel wird, man sagt ja auch, die Nächte werden lang, und der längste Tag des Jahres, irgendwann im Juni muss der sein, hat also auch die kürzeste Nacht. Und es ist dunkel draußen, die Regentropfen glitzern auf der Scheibe, wer wohl gewonnen hat von meinen beiden … der Barmann allein hinterm Tresen, macht das, was Barmänner immer machen, wenn sie allein sind. Ein Tuch und ein Glas, und dann wischt er und wischt er und hört gar nicht mehr auf, dieses eine Glas zu polieren. Und der Dom groß und dunkel vor mir, ich kann den Fluss riechen in der kühlen Luft, die

Konturen dieses Riesenleibes verschwimmen, lösen sich auf in der Nacht (nun doch kein Abend mehr), nur die beiden Türme sehr scharf unter den Wolkenfetzen. Eine kleine Brücke zwischen den Türmen.

Ich sehe die Lichter der Taxis ein Stück entfernt und öffne die große Tür. Ich will mir keine Gedanken machen, wo all die Leute hin sind, die vorhin noch hier hineingeströmt sind, nein, überhaupt nicht, das geht mich nichts an, die Geheimnisse dieser Stadt sollen mich nicht berühren, sollen mich nicht in ihren Bann ziehen, damit ich nicht auch verschwinde in der 13, und ich laufe durch den leeren Mittelgang, große spitze Torbögen links und rechts. Erbaut Anfang 13. Jahrhundert, habe ich irgendwo gelesen, Spätromanik, Gotik, die Stadt muss gebrannt haben um 1200, ich weiß nicht, woher ich das weiß, vielleicht auch irgendwo gelesen, vielleicht Strahlungen, die solche Orte bisweilen aussenden, und seit Bielefeld bin ich empfänglich für so etwas, vielleicht hat ja die Frau in dem Wohnwagen jetzt keine Kräfte mehr, Otto der Große, 10. Jahrhundert, die Fundamente eines Klosters unter mir, auf einem Felsen erbaut, der Boden ist weich unten am Fluss, der schmale Felsen trägt seit 1000 Jahren diese Last, die Stadt brennt, und die Kaiserpfalz brennt, und die Kathedrale, die aus dem Kloster entstand, brennt, und ein langgezogenes Heulen und Pfeifen in dem hohen Raum, eine Bombe zerschlägt Dach und Orgel, das muss später sein, ein steinerner Schäfer steht still in der Ecke mit seinem Stab, und ein »Mäh, Mäh, Mäh« mischt sich in das Heulen und Donnern, der Feuerschein der brennenden Stadt M durchs zerschlagene Dach, aber ein anderer Schein ist das jetzt, Gold, Gold, schaff Gold, Böttcher!, Meißen nicht weit gegen den Strom, weißes Gold in Meißen,

alles Gute kommt aus Osten!, und der stille Schäfer hat
Gold gefunden, heilige Mutter Maria, stochert mal eben
kurz in der Erde, was für ein Berg aus Gold!, stiftet's der
Kirche, der Narr, damit sie weiter und höher bauen können, ihre Türme dem Herrn ins Gesicht, selig sind die, die
da geistig arm sind, Narren kommen in den Himmel, und
ich stehe vor dem steinernen Becken in der Mitte des
Gangs, der Altar weit vor mir im Schatten, das Wasser zit-
tert, da tauch ich die Hand ein bis zum Gelenk, seltsam
weich und warm dieses Wasser, ist das ein Taufbecken
oder eins mit Weihwasser zum Bekreuzigen, aber protes-
tantisch alles hier, in Luthers eigenem Land, Mittel-
deutschland, die Wiege unserer Sprache, die Wiege der Re-
formation und damit der Aufklärung, Katholiken wollen
wir keine auf Luthers fruchtbarem Boden, weicher, dunkler Bördeboden, und die Hände der Bauern tief in der Erde
bis runter zu den Gebeinen ihrer Väter, und ich ziehe
meine nasse Hand aus dem zitternden Wasser, es zittern
die morschen Knochen ... nur einmal habe ich mich mit
Weihwasser bekreuzigt, in Bayern ist das gewesen, und
nur, weil ich einen Fleck auf der Jacke hatte, einen großen
Dönersoßenfleck, den wollte ich mit heiligem Wasser rein-
waschen, also die Jacke, und da musst ich so tun, als würd'
ich mich bekreuzigen, damit die Mariensektierer mich
nicht verfluchen, zu Salz sollst du erstarren, du Frevler,
entweihst diesen heiligen Ort, indem du deine Jacke mit
Gottes eigenem Wasser ... und ich wische mir die Hand
trocken, schaue noch einmal in den steinernen Kelch und
laufe weiter über die Gebeine unter mir, KLAMM KLAMM
KLAMM, meine Schritte im hohen Raum, gotische Bögen,
und draußen hagelt es Pfeile, und Reiterhorden im *Herren-*
krug, und die Stadt wird geschändet, dreißig Jahre lang,

na, wo ist denn euer Gott?, VORSICHT, sage ich mir, genau weiß man nie, und ich bin getauft und konfirmiert und habe die Bibel dreieinhalbmal gelesen und noch einen – sagen wir gewissen Restglauben in mir, und beten tu ich in den dunklen Nächten auch, und im Posaunenchor hab ich bis achtzehn gespielt, manchmal noch so betrunken an den Sonntagmorgen, dass durch den Trichter meiner Trompete, zweite Stimme, der heilige Weingeist über die Gemeinde kam und sie HOSSANNA HOSANNA in Verzückung gebracht hat, und der Prediger Bake, Reinhard, kniet vor den Toren des Doms und fleht zu den Truppen des General Tilly und zum General Tilly persönlich, schaut auf diese Stadt!, und drinnen, Tausende beten, dass sich Gott selbst in den roten Wüsten des Mars erbarmen muss. Aber alles leer zwischen den gotischen Bögen, nur Schatten, und ich nähere mich langsam dem Altar. Und jetzt sehe ich sie. Die Augen gewöhnen sich an das Licht. Da starren sie mich an. Ihre Augen. Zwischen den Bögen, links und rechts des Mittelgangs stehen sie, und oben auf der zweiten Ebene, recken die Köpfe, um mich besser sehen zu können, dicht gedrängt in den Schatten, Leiber, die aus den Wänden zu wachsen scheinen, stumm rückt die Masse auf mich zu, keinen Fuß bewegend, und ich drehe mich um und renne, sehe eine steinerne Frau, die ist ganz grün, mit einer Haube auf dem Kopf, die hält ein Schwert oder so was in der Hand, und weil das Bild verwackelt, während ich renne, wackelt auch sie mit dem Kopf, nickt mir zu und will mich einladen zu einem Schäferstündchen, denn der stille Schäfer in der anderen Ecke hat schon lange seinen Stab nicht mehr gerührt, bleib doch, Fremder, schalali und schalala, ich zeig dir meine Trauben, gebenedeit sind die Früchte meines Leibes, das wird dir gefallen, bis in alle … BUMM BUMM BUMM schlage ich gegen die verschlossene Tür.

Da summt's, und die Tür geht auf. Ich laufe eine steile Treppe nach oben. Bevor's gesummt hat, hab ich in eine kleine Kamera geschaut. *Mutter, der Mann mit dem Koks ist da, jawoll, mein Junge, das weiß ich ja.* Hab noch das Taxi wegfahren gesehen hinter mir. Und die Bockmühle paar Minuten vorher. Beeindruckendes Ding. Wie ein Andreaskreuz ragten die Flügel in den Nachthimmel. Dann steh ich vor einer weiteren Tür, die wird geöffnet, von einem Riesen wird die geöffnet, dass ich mir ganz klein vorkomme mit meinen stattlichen Einsachtundachtzig. Guckt der auf mich runter und sagt:»Guten Tag.« Hat eine Trainingshose an und einen Wollpullover. Ist keiner von diesen wahnsinnig breiten Riesen, eher schmal gebaut, aber mindestens zweifünf. Hat ein hageres Gesicht, bräunlich wie altes Leder und verzeiht keine Mine (verzieht keine Miene). Sieht eher aus wie ein arbeistloser Landarbeiter aus Wolmirstedt. »Immer geradeaus«, sagt er und geht ein Stück mit mir den Gang entlang, eine weitere Tür, die er öffnet, Türen auch links und rechts, und dann stehe ich in dem kleinen, spärlich beleuchteten Raum mit der Bar. Ich scheine der einzige Gast zu sein, die Barhocker sind leer, eine Frau hinterm Tresen, mehrere Frauen, sechs oder sieben bestimmt, sitzen auf Sofas und Sesseln gegenüber der Bar. Musik, achtziger Jahre, Discokugel dreht sich und sprenkelt Licht, Wolmirstedt, Frühling, Sommer, Herbst 2009. Der Riese zieht die Tür zu, ich gehe zum Tresen, sehe die Frauen tuscheln, setze mich auf einen der Barhocker, sage: »Hallo.«

»Hallo«, sagt die Barfrau, die ein wenig älter zu sein scheint als die Mädchen in den Sesseln, hat auch mehr an, sieht sehr seriös aus, womit ich nicht sagen will, dass die Mädchen nicht seriös aussehen, denn was ist seriöser als Haut?, zwei tragen nicht mal einen BH. »Was darf's denn sein?« Ich bestelle etwas, Campari Soda ist ein gutes Getränk, macht den Atem frisch. Wenn ich den Kopf drehe, kann ich die Mädchen ganz genau sehen, muss aber den Kopf ein ganzes Stück eindrehen, könnte mich ja auch seitlich auf den Barhocker setzen, will aber lässig sein, zünde mir eine an, auch die Barfrau raucht, halte das Glas und die Zigarette in einer Hand, wie ich das mal bei Humphrey Bogart gesehen habe, trinke sehr schnell, dass ich sofort einen zweiten bestellen muss. Auf meinen Reisen bin ich oft eingekehrt, und jedes Mal sind es diese Minuten *dazwischen*, du stehst an der Bar und wartest und trinkst und redest mit der Barfrau oder dem Barmann, wartest, bis der Kontakt eintritt, spürst schon die Energien, den Strom, und du trinkst und redest und rauchst, wenn du in Wohnungen gegangen bist, war es auch dieses *Vorher* und *Dazwischen*, aber anders, denn du bist allein mit ihr, reden, das Geld, die Kleider, reden, lachen, manchmal ein Kaffee, manchmal ein Glas Sekt, das Klingeln des Telefons, reden, die Kleider, Fliesen im Bad, die Haut, du spürst die Energien. Und manchmal sind das die einzigen Orte, wo ich sicher bin.

»Hallo.«

»Hallo.« Sie spricht mit Akzent. Setzt sich neben mich. Hat ein sehr hübsches Gesicht, rund und irgendwie russisch, mehr so asiatisch-russisch, schwarze Haare. »Möchtest du was trinken?«

»Einen Piccolo.« Ich bestelle. Eine zweite Frau setzt sich auf die andere Seite, blond, sehr schlank, aber sie sieht, dass ich mich rüber zu dem runden, russischen Gesicht lehne, das mir immer mehr gefällt, und die Blonde ist ein wahrer Gentleman, eine Gentlewoman wohl eher, denn sie versucht nicht, in unser *Dazwischen* einzudringen, beginnt ein Gespräch mit der Barfrau. Einmal, in Hannover war das wohl, *Yes Sir* hieß der Laden, das weiß ich noch, saß ich an der Bar, und die Mädchen liefen eins nach dem anderen an mir vorbei, blieben kurz stehen, und ich musste wählen. Komisch das Ganze, und das war auch nicht direkt eine Bar, an der ich da saß, eher eine Art Empfangsbereich, sehr hell und sehr weiß, man kam da sehr schnell zur Sache im *Yes Sir*, dafür war der Prosecco auf dem Zimmer umsonst. War ein sehr liebes Mädchen gewesen in Hannover, ich denk manchmal an sie, eine Tschechin, die kaum Deutsch sprach, mit einer Kaiserschnittnarbe am Bauch. Und wir reden, reden so dies und das, wie geht's, wo kommst du her, Campari trinke ich auch gerne, möchtest du rauchen?, weißt du, ich konnte früher ganz gut Russisch sprechen, fast alles verlernt, nein, nein, ach was, und wo genau in Sibirien, da muss es ja verdammt kalt … ach, die Taiga, nein Tundra, und die Burjaten, nein, hab ich noch nie gehört, ein Volk, ach so, du meinst so eine Art Stamm, meine Mutter, ja, ja, und Moskau später, leider war ich noch nie in Moskau, ja, die weißen Nächte, hab davon gehört, St. Petersburg, Sibirien, die Eisenbahn und der Schnee, Wolmirstedt, dann frierst du ja eigentlich nie hier. Ja.

Wir trinken und reden, ich bestelle nach, und ein paar Mal legt sie die Hand auf mein Bein.

Und dann irgendwann, als sie gefragt hat und ich ja gesagt habe, nimmt sie meine Hand, und als ich so hinter ihr laufe, sehe ich, dass sie einen gewaltigen Arsch hat und gewaltige Hüften, ich habe nur in ihr hübsches, rundes

Gesicht geschaut, große, dunkle Augen. Und ich denke, dass das mit Sibirien zu tun hat, die Burjaten, schon wenn sie klein sind, müssen sie sich schützen, gegen die Kälte, ordentlich Polster aufbauen, und das liegt sicher auch in den Genen, und sie zieht mich an dem Riesen vorbei in eins der Zimmer.

Es gibt einen Club in Wolmirstedt, draußen vor der Stadt M. Der liegt über einem Supermarkt, zweistöckig das Gebäude, Plus oder Netto, und wenn der eine schließt, öffnet der andere. Montag bis Samstag.

Und in dem winzigen Zimmer liege ich auf der Frau aus Sibirien, sehe die weite Taiga und die verschneite Tundra, helle Nächte, und ihr rundes Gesicht, das betaste ich, als wäre ich ein Blinder, verscheuche böse Gedanken aus meinem Kopf, und frage mich, was *ich* suche, und was *sie* sucht in diesem Dorf mit der großen Mühle, fühle die Kaiserschnittnarbe der Tschechin, und das Bett ist so schmal, dass ich mich dicht an sie dränge, wenn wir nebeneinanderliegen, zwei Stunden sind lang, ich höre Autos unten auf dem Parkplatz, und ich liege auf ihr, die Augen geschlossen, die Hände auf ihren großen Hüften, der Wohnwagen quietscht, »Öffne deine Augen!«, die Wahrsagerin lacht …

»Nun ist er nicht mehr in die Bockmühle gegangen, dieser Idiot!« – »In der falschen Mühle ist er gewesen, dieser Bock!« – »Und dabei hat Krabat dort auf ihn gewartet, Krabat der Zauberer, der sogar den schwarzen Müller besiegen konnte unten im Sorbenland …« – »Ja, weiß ich doch. Vielleicht ist ja die Alte aus Bielefeld schuld.« – »Hm, schon möglich. Vielleicht ein andermal.«

Im Kessel

Ich fahre nach Hannover. Anfang November 2009, es wird schnell dunkel, die Uhr wurde am 25. Oktober umgestellt. Zu diesem Zeitpunkt befand ich mich in Amerika, und auf dem Rückflug verschoben sich die Zeiten, so dass mir diese eine Stunde erst Tage später auffiel. Ich träumte, das Flugzeug würde abstürzen, als ich auf dem Weg nach Europa die Zeit einholte und ihr voraus war, so real wirkte das, dass ich in meinem Traum mit allem abschloss, während ich senkrecht in der Röhre steckte und mich fragte, wie das wohl so sein wird, zu sterben.

Ich will nicht mit einem Rätsel beginnen. In dem gelben Herbstlicht draußen wirkt alles sehr real. Ich suche das Glück meines Großvaters. Irgendwann in den Achtzigern gewann er Geld in Hannover. Ich bin noch nie in einer Spielbank gewesen. Schnell ist das gelbe Licht draußen verschwunden, und ich schlafe schon halb. Es ist gut, dass diese Röhre nicht abstürzen kann. Wir müssen irgendwo in der Börde sein, einem großen Urstromtal, in dem es die fruchtbarsten Böden Deutschlands gibt, Kartoffeln wie Felsbrocken, und als ich kurz die Augen öffne, sehe ich die gelben Lichter einer Stadt am Horizont. Ich überlege, ein

Teil meines Hirns noch in den Träumen, wo wir genau sind, welche Stadt das sein kann, an Halle und Köthen sind wir längst vorbei. Gevatter Bach war ein paar Jahre in Köthen, und seine Fugen wehten durch die Börde und das anhaltische Land, jetzt liegt er in meiner Stadt unter den Bodenplatten der Thomaskirche. Ich blicke auf die Schemen der Stadt, der wir uns jetzt nähern, *Völker der Welt, blickt auf diese Stadt*, keine Lautsprecheransage, als wir halten, keiner steigt aus, keiner steigt ein, das schrille Pfeifen des Schaffners, *Völker, höret die Signale*, und dann, als wir in einem geschwungenen Bogen um diese Stadt herumfahren, sehe ich es, und begreife sofort:

Ein heller Strahl fährt in den Abendhimmel, ein riesiger Scheinwerfer scheinbar im Zentrum der Stadt, der Lichtstrahl öffnet sich nach oben wie ein Trichter, ein großer Buchstabe ist dort inmitten des leuchtenden Kreises zu erkennen, er flimmert, hunderte Meter über der Stadt, M. Ich weiß jetzt, dass ich hier schon einmal war, gar nicht so lange her, aber da gab es dieses Signal noch nicht. Wie in den Batman-Comics, aber da ist es kein M, sondern der Schatten einer Fledermaus, ein Hilferuf, den der Polizist Gordon mit einem gewaltigen Scheinwerfer vom Dach eines Hochhauses in den Himmel über Gotham City schickt, wenn das Böse seine Stadt auffrisst. Der dunkle Ritter naht. Die vergessene Stadt. Wir fahren weiter, und auch die andere Hälfte meines Hirns beginnt zu träumen. Als ich aufwache, ist der Wagen voller Menschen. Wir sind wohl durch Braunschweig gekommen, die Pendler sind zugestiegen. Digitale Geräusche, Piepen, Summen, Lieder, Nährstoffe für den Krebs, denke ich. Mein Handy ist ausgeschaltet, ich hasse die Strahlungen in den Metallröhren der Züge. Die Krebsraten steigen von Jahr zu Jahr. Die Ärzte können heute viel heilen und eindämmen, aber immer mehr E-Müll bohrt sich durch unsere Körper. In den Flugzeugen gibt es diese Strahlungen nicht, auch wenn sie inzwischen überlegen, die Handys auch im Himmel freizugeben. Aber noch haben sie Angst vor diesem Schritt, denn Al-Qaida experimentiert mit schluckbaren und kaum zu ortenden Minibomben, die per Handy im Körper gezündet werden können, beim Landeanflug auf John F. Kennedy, Charles de Gaulle oder Leipzig Scheuditz. Die Metallkörper der Flugzeuge werden von kosmischen Strahlungen durchdrungen, viel stärker als die der Handys, vielleicht verursacht das vorzeitige Selbstzündungen dieser Minibomben, wenn die noch nicht mal im Darm angekommen sind, »Dir soll doch der Arsch platzen!«, sagte mein alter Schulhausmeister immer.

Piepen, Summen, Lieder, und ich schließe mich auf der Zugtoilette ein, aber nirgendwo ist man sicher. Im Flugzeug war ich noch nie auf dem Klo, denn ich habe Angst, dass sich unter mir die Luke öffnet, wie früher, als man noch auf die Schienen schiss, und der Unterdruck mir die Därme raussaugt.

Und endlich Hannover. Ich bin wieder erfüllt von Optimismus und Menschenliebe, denn auf dem Klo habe ich im *spiegel* gelesen, wie ein Mann in Portugal im Streit eine Frau tötete, aus Versehen, er hatte sie nur weggeschubst, als sie ihn angriff, und sie stürzte unglücklich auf den Hinterkopf. Der Mann war ein Schäfer und verschwand in die Wälder. Ich war immer noch sehr müde auf dem Klo und eine Hälfte meines Hirns träumte wieder. Bevor er in die Wälder ging, war er noch kurz im Gefängnis. Er wurde verurteilt, wenn ich die Augen öffne, sehe ich mich im Spiegel, über zehn Jahre lebte er in den Wäldern, wurde von der Polizei gesucht, und nur einmal, vor Jahren, bevor das Unglück passierte, ist er einer Frau sehr nahe gekommen, hat sie umworben, wollte sie heiraten. Aber die Frau ist dann in eine große Stadt gegangen, weil die Dörfer vergessen und arm waren.

Der Mann hat einen Hund, lebt mit dem zusammen, in Höhlen und Erdlöchern, Freunde bringen ihm Essen. Und dann wird er schließlich, zehn oder mehr Jahre später, geschnappt. Und sitzt wieder im Gefängnis und sorgt sich um seinen Hund, den sie wohl ins Tierheim gesteckt haben. Irgendeine unbekannte Dame bezahlt viel Geld für seine Anwälte. Keiner weiß, wer sie ist. Einer Zeitung sagt sie am Telefon: »Er ist kein schlechter Mensch. Er hat mich vor vielen Jahren einmal sehr geliebt.«

Und erfüllt von Menschenliebe und allen möglichen warmen Gefühlen schwebe und tänzele ich mit meinem Gepäck durch den großen Bahnhof der Stadt Hannover. Zwischen den beiden Eingangshallen liegt der lange Gang mit den Treppen, die hoch zu den Bahnsteigen führen. Dazwischen Geschäfte, Fressbuden, Drogerien, Zeitungsläden. Und so viele Menschen, wie in keinem anderen Bahnhof Deutschlands. Der Bahnhof in Leipzig ist größer und schöner, der beste Bahnhof, den ich kenne, aber hier wimmeln sie durcheinander in einem Energiestrom aus Stimmen und Farben, hin und her zwischen den Hallen und Bahnsteigen, Reisende, Einkaufende, Verwirrte, Polizisten, Heimatlose, Terroristen, Punker, Dealer, Schaffner, Halbnackte, Hungrige, die an den Fressbuden stehen bleiben, Hungrige, die zu den Ausgängen eilen, Hannover City, Fleischmarkt, und Portal in alle Himmelsrichtungen, hier kreuzen sich Schienen und Straßen und Strahlungen, die Stadt liegt tief im Leine-Tal, und auch ich gerate ins Rutschen. Irgendwann, vielleicht war das 2007, kam ich hier durch, wollte eigentlich nur umsteigen, befand mich aber plötzlich in der Wohnung einer Hure, irgendwo am Rand der Stadt. Drei Stunden blieb ich bei dieser wunderbaren Frau. Eine Polin mit einem großen Muttermal auf dem Schulterblatt. Eine Polin, die Angst vor den Albanern hatte. Die toten Fliegen auf dem Fensterbrett werde ich nie vergessen.

Und jetzt stehe ich vor dem großen Reiterdenkmal auf dem Bahnhofsvorplatz »Dem Landesvater sein treues Volk.« Ein Paar Hannoveraner Bürger steht neben mir, ihre Hüte an die Brust gedrückt, schauen sie ergriffen zu Ernst August dem Ersten, dessen gewaltiger Schnauzbart Unheil verspricht, die Frau weint und jammert über die schlechten Zeiten und dass die Leine immer weniger Wasser führt, jetzt verstehe ich, warum es hier überall Fischbratereien gibt, wer braucht noch eine Angel, wenn die Lachse im Schlamm stecken, und ich laufe durch die kalte Innenstadt zu den Zierteichen, die im Krieg von Zwangsarbeitern angelegt wurden, auf dem Fundament dieser Knochen muss das große Casino sein, von dem mir mein Großvater erzählte.

Ich wollte nicht mit einem Rätsel beginnen. Aber das Casino an diesen Seen mitten in der Stadt gibt es nicht mehr. Und ich sitze in der Stadtbücherei und absolviere mein Programm, denn auch deswegen bin ich gekommen, und nicht nur wegen der Suche nach dem Familienglück. Vielleicht dreißig zahlende Gäste. Das ist nicht schlecht im November. Ein Mann, erfolgloser Dichter, erzählte mir vorhin das (und deklarierte es als einen Auszug aus seinem großen Gesang über die Stadt H): »Die großen Zeiten der Stadt Hannover sind vorbei seit der Wende. In den Achtzigern war das Fleisch hier richtig teuer, und die Weiber trugen ihren Pelz offen zur Schau. Und im Casino klapperten jeden Abend die Roulettekugeln, während untern den Seen die Knochen klapperten und sich mit den Leichen in den Kellern vergnügten. Die Korruption und die Politik haben uns alle reich gemacht. Bald geht's uns wie der Stadt M.« Da übertrieb er etwas, wie ich fand. Aber was ich finde, ist eine Spielbank, nur wenige Straßen von der Stadtbibliothek entfernt. Es ist spät geworden, 23 Uhr 30, denn nach der Veranstaltung muss ich noch mit zwei Damen Bier trinken. Die beiden kommen aus dem Osten, eine aus der Stadt M, genau wie die junge Hure, die ich später treffe, als ich früh um drei noch ein Bier trinken will und nur die Nachtbars und Bordelle noch geöffnet sind.

Die beiden Damen fragen mich aus, und die Möglichkeit eines sexuellen Kontakts geistert kurz durch mein Hirn, allerdings nur durch eine Hälfte meines Hirns, denn die andere spielt synchron meine Möglichkeiten in der kleinen Spielbank durch, Roulette, Black Jack, ich bin schon dort gewesen vor meiner Veranstaltung und habe gefragt, ob ich eine Krawatte benötige, aber das sei nicht nötig, sagte man mir, und sexuelle Kontakte pflege ich zur Zeit ausschließlich mit meiner Frau, das muss auch die junge Hure feststellen, eigentlich benutze ich das Wort Hure nicht gern, obwohl sie selbst es benutzen, der Mensch sollte seine sexuellen Kontakte eh auf ein Minimum minimieren, denke ich manchmal, und die beiden Damen wollen nur mit mir reden, sexuelle Kontakte stehen gar nicht zur Disposition, eine Art *Null-Spiel*, eine der Damen schreibt auch, das erschreckt mich, denn ich selbst hasse es oft, Schreiben immer nur Schreiben, aber zum Glück zeigt sie mir keinen Auszug aus ihrem großen Gesang über die

Stadt H, und die junge Frau in der Nachtbar fragt mich, ob ich ihr einen ausgebe, und ich sage: »Selbstverständlich, was trinken Sie denn?«, aber nein, ich duze sie, im Bordell gibt es nur das *Du*, in ein paar Tagen fahre ich nach Kopenhagen, auch dort duzt man sich ausschließlich, das *Sie* steht gar nicht zur Disposition, das gefällt mir, »Du kannst dir eine unsere Damen zum Tanzen kommen lassen, direkt hier auf dem Tresen, du kannst mit einer unserer Damen gerne aufs Zimmer, du kannst natürlich einfach nur hier sitzen und etwas trinken«, und ich trinke ein Bier in dieser kleinen Nachtbar in Hannover, früh um drei, während es draußen so neblig ist, dass ich fast eine Stunde brauche, um mein Hotel zu finden. Die beiden sind Fans, haben mich schon mal in Leipzig angesprochen, daran kann ich mich nicht erinnern, es ist gut, dass man Fans hat, es ist gut, dass man mit seinen Fans, den weiblichen, einfach ein Bier trinken kann, ohne dass sexuelle Kontakte zur Disposition stehen und den Äther um uns vergiften, aber vielleicht gab es Zeiten, in denen man (wer ist *man*? ich? sie?) die Gifte liebte, ich will nicht mehr rauchen, ich will nicht mehr trinken, ich will nicht mehr begehren … die beiden Damen sind recht hübsch, und ich erzähle ihnen von meinen Reisen und von meinem Hund, der nicht mehr lebt, vor zehn Tagen musste der Arzt *sein Herz anhalten*, wie er es nannte. Die junge Frau in der Nachtbar kommt auch aus der Stadt M, und sie hatte früher viel mit Rennpferden zu tun, hat als Mädchen im Stall eines bekannten Trainers gearbeitet, einmal schrieb mir eine Frau, die ich während einer Veranstaltung kennenlernte, einen Brief, sie schrieb mir über ihre Arbeit als Hure und dass sie es so langsam satt hat und dass die Pferde auch in ihrem Leben eine große Rolle spielten, mir scheint da eine Konstante sichtbar zu werden, »Ich möchte ein Pferd, irgendwann mal«, sagt das Mädchen in der Bar zu mir.

Ich wollte nicht mit einem Rätsel beginnen. Aber jetzt stehe ich vor einem Rätsel, denn ich begreife nicht sofort: Es ist 23 Uhr 30, ich habe 140 Euro in Chips zu je 5 Euro gewechselt. Die habe ich in meine Gesäßtaschen (Arschtaschen) gesteckt, weil sie in den Taschen meines Jacketts zu unsicher herumklimperten. Meinen Mantel gab ich einer freundlichen alten Frau an der Gardarobe. Das kostete 1 Euro, und ich gab ihr 2, weil so etwas Glück bringt. Die kleine Spielbank hat 2 Stockwerke, unten ist ein Raum mit Automaten, oben Roulette, Black Jack und Poker. Bevor ich spielen durfte, wurde mein Ausweis geprüft, denn es gibt Menschen, die haben Spielbank- und Casinoverbot. Zuerst bin ich zu der kleinen Bar im hinteren Teil des oberen Raums gegangen. Was mir sofort auffiel: Keiner trank. Nur hier und da und wirklich sehr vereinzelt ein Glas Bier auf einem der Stehtische zwischen den Spieltischen. Und Asiaten, mindestens 80 Prozent, Chinesen, Japaner, Vietnamesen, Thais.

Und das Rätsel, vor dem ich stehe, ist das Spiel selbst. Roulette. Rot oder Schwarz, pair/impair – gerade/ungerade spielt hier keiner, es ist am wahrscheinlichsten, diese 50:50 Chancen zu treffen, aber das bringt kein Geld, du kriegst nur deinen Einsatz zurück und das, was du eingesetzt hast, als Gewinn. Ich stehe mit meinem Whisky ein Stück neben dem Tisch, es gibt 3 Roulettetische, an meinem spielen nur 4 Personen, Asiaten, 3 Männer, 1 Frau, sie setzen auf Zahlen, platzieren ihre Chips in der Mitte eines einzelnen Zahlenfeldes oder auf den Grenzlinien zwischen mehreren Zahlen; neben dem großen, rechteckigen Feld, das aus den 36 Zahlen inkl. der 0 besteht, befindet sich noch ein kleineres auf dem grünen Tuch, eine Art langgezogenes Oval, die Felder mit den 36 Zahlen am Rand, im Inneren des Ovals, durch Trennlinien gekennzeichnete Schriftzüge *SERIE 5/8*, *ORPH*, *SERIE 0/2/3*, *ZERO*. Auch auf diese Schriftzüge platzieren die Asiaten ihre Chips. Der Croupier ist ein älterer Herr im Smoking und mit großer goldgerahmter Brille, ich will sofort, dass er mich sympathisch findet, knöpfe mein Jackett zu, trete an den Tisch, beuge mich über den Tisch, während er die Chips abräumt und mit einer Art Harke in ein kreisrundes Loch zieht, in dem sie klimpernd verschwinden, lege einen meiner 5-Euro-Chips auf die Nummer 21. Ich muss den Arm wegziehen, weil er mir mit seiner Harke in die Quere kommt. Mein Großvater setzte vor fast 30 Jahren auf diese Zahl und gewann. Ich gewinne nicht. Nichts geht mehr, sagt der Croupier, der Roulettekessel dreht sich langsamer und die Kugel klimpert auf die 25, springt von dort sofort auf ein paar andere Zahlen und bleibt schließlich auf der 30 liegen, während der Kessel sich immer noch ein wenig dreht. Alle 4 Asiaten bekommen Chips. Obwohl keiner auf die 30 gesetzt hat, es muss etwas mit ihren Einsätzen auf dem Oval zu tun haben. Eigentlich hatte ich mir vorgenommen, 30 oder 40 oder mehr Durchgänge abzuwarten und Whisky zu trinken, und wenn dann die 21 nicht gefallen ist, werde ich beginnen, auf sie zu setzen, und habe noch 34 oder 35 Spiele Zeit, um Gewinn zu erzielen. Aber so wird es nicht funktionieren. Der zeitliche Abstand zwischen den Spielen beträgt ca. 5 Minuten. 5 Minuten, um die Gewinne einzustreichen, 5 Minuten, in denen die verlorenen Chips in dem kreisrunden Loch verschwinden, 5 Minuten, in denen neue Chips platziert werden können, 5 Minuten, in denen der Croupier Trinkgelder und Boni der Gewinner in einem schmalen Schlitz neben dem kreisrunden Loch verschwinden lässt, 5 Minuten, in denen der Croupier einen nagelneuen 500-Euro-Schein, den er von einem Asiaten bekommt, auf einen anderen Schlitz im Grün des Tisches legt und diesen mit einem seltsamen Schieber in den Schlitz drückt, so dass er spurlos verschwindet, so oft habe ich das Wort *Schlitz* noch nie in meinem mittlerweile monogamsexuellen Leben verwendet, ein schönes Wort ist das, es erregt mich, während die Kugel klimpert und die Asiaten ihre Einsätze auf dem Tuch tanzen lassen oder sie einfach aufs Grün werfen und dem Croupier zurufen, wo er sie platzieren soll, eine brillantes Gedächtnis muss dieser grauhaarige Mann, den ich gerne zum Freund hätte und dem ich alles anvertrauen würde, haben, um sich all das zu merken und die Gewinne korrekt auszuzahlen. Denn inzwischen spielen wir nicht mehr zu fünft (4 Asiaten, 3 Männer, 1 Frau, und ich), unser Tisch wird jetzt dicht umlagert, immer mehr Chips klimpern aufs Grün, immer mehr Chiffren und Codes werden mündlich übermittelt, und der grauhaarige Mann mit der großen goldgerahmten Brille hat alles im Griff, souverän dreht er den Kessel und schnippt die Kugel hinein. Direkt neben ihm befindet sich, hochkant aufgestellt, eine schmale Digitalanzeige auf der untereinander die zuletzten gefallenen Zahlen blinken. Keine 21, keine 9. Die 9 will ich dann spielen, habe das Gefühl, dass sie kommen könnte, mehr so ein seltsames Ahnen ist das, ich trinke auch schon den dritten Whisky, will mich wie ein alter Spieler fühlen, und ja, ich ahne und fühle, dass die 9 nun kommen kann, kommen wird, aber entscheide mich im letzten Moment wieder für die 21, und die Kugel klimpert, *nichts geht mehr*, und die 9 fällt.

Und ich beginne langsam, die Geheimnisse zu verstehen, bewege mich im Labyrinth der Zahlen, weiß zwar nicht genau, wohin, aber ich bewege mich. Ich bin locker, versuche locker zu sein, habe noch ca. 120 Euro, das sind 24 5-Euro-Chips. Die Spieler um mich herum sind nervös, führen Selbstgespräche, machen ruckartige Bewegungen, stoßen gegen mich, lachen kurz auf und rufen laut ihre Chiffren und Codes, »acht zwei zwei!«, »eindundzwanzig zwei zwei«, »acht Stücke auf die Waisenkinder!«

»Die Waisenkinder«, flüstert mir ein Japaner ins Ohr, es klingt fast wie »Wiesenkinder«, sein Atem riecht so faulig, dass ich immer wieder an meinem Whisky nippe und mit meiner Zungenspitze etwas von dem Schnaps unter meinen Nasenlöchern verteile, »die Waisenkinder, les orphelins, das sind die 1, die 20, die 14, die 31, 9, 17, die 34 und die 6.«

Er zeigt auf den Bereich des Ovals, auf dem *ORPH* und um die Schrift herum, an den Rändern des Ovals, stehen tatsächlich diese 8 Zahlen. »Aber du spielst besser die kleine Serie.« Er zeigt auf *SERIE 5/8* im Inneren des Ovals. »Das kostet dich 4 Stücke.« Er sagt *Stücke*, dieses Wort werde ich noch oft hören, vom Croupier, von den Wahnsinnigen, von meinem neuen japanischen Freund. Und ich lege 4 Stücke zu 5 Euro auf die kleine Serie. Der Japaner verschwindet sofort zu einem der anderen Roulettetische, als hätte er Angst, dass ich ihn für das mögliche Scheitern verantwortliche mache. Er läuft seltsam geduckt, schleicht durch den Raum und verschwindet zwischen den Spielern an den anderen Tischen. Er trägt einen Anzug. Leicht zerknittert, sieht aber teuer aus. Die kleine Serie, so begreife ich die Anordnung der Schrift und der Zahlen um sie herum, umfasst die 27, die 13, die 36, 11, 30, 8, 23, 10, 5, 24, 16 und die 33. Und ich begreife immer mehr das Geheimnis der Zahlen im Kessel. Diese Zahlen liegen dort, wo die Kugel kreisen wird und jetzt auch surrend kreist, nebeneinander, meine kleine Serie deckt einen recht großen Teil des rotierenden Kessels ab. Ich dachte immer, die Zahlen liegen dort geordnet nebeneinander, von 0 bis 36. Aber ihre tatsächliche Ordnung erschließt sich mir nicht. Zufall? Ein verstecktes System? Ich werde irgendwann herausfinden, welche Gewalten dieses Chaos verwalten.

Und die Kugel hüpft und springt in ihrer erschlaffenden Dynamik, liegt auf der 5. Rot.

Ich habe etwas den Überblick verloren, weiß nicht, ob ich gewonnen habe, meine Blicke flimmern zwischen dem Kessel und dem Oval, wo meine 20 Euro immer noch liegen inmitten der anderen Plastikgelder, ein Mann im karierten Hemd, kein Asiat, die Verhältnisse zwischen Volksdeutschen und Exoten sind jetzt in etwa ausgeglichen an diesem Tisch, lacht leise und doch laut, weil direkt neben mir, lacht und ruft: »Ja, das hätte man doch wissen können!«, denn er hat's scheinbar nicht gewusst und dreht sich um und läuft ein Stück in den Raum, kommt aber sofort wieder zurück, blickt in die Runde, sucht Blickkontakte, die Harke des Croupiers kämmt das Grün aus, mir fällt auf, das keiner außer mir mit diesen 5-Euro-Chips spielt, die sind … Beige würde ich diese Farbe nennen, die anderen Stücke sind orange, blau, ich bin ein wenig farbenblind, und alles liegt im Halbdunkel, wie sich das für einen Ort für uns Spieler gehört, aber die Chips der anderen scheinen mir alle mehr wert zu sein als meine, obwohl ich ja über dem Mindesteinsatz spiele, der 2 Euro beträgt; auf einem Chip, der ruht auf der 17, wurde ein kleines metallenes Gewicht platziert, das so aussieht wie die Ge-

wichte, die es früher an der Waage beim Fleischer zum Beispiel gab, nur eben viel kleiner wie in einem Kaufmanns-
laden für Kinder; »Wer hatte noch die kleine Serie?« »Ich«,
sage ich und bekomme einen kleinen Stapel 5-Euro-Chips,
die schiebe ich sofort und ohne zu zählen in meine Gesäß-
tasche überm Arschgeweih, das ich zum Glück nicht habe,
weiß also gar nicht, wie viel genau ich gewonnen habe,
aber ich habe GEWONNEN, nur das zählt. Ein Geruch nach
Fäulnis, der Japaner flüstert wieder in mein Ohr, wo
kommt der so schnell her jetzt?, »noch einmal«, flüstert er,
»noch einmal kleine Serie«, ich sehe seine bräunlichen
Zähne, braune Chips sind auch im Spiel, »alles auf die 10«,
ruft jemand, ich aber setze auf die Waisenkinder, und der
Japaner ist wieder weg, und nach Minuten, in denen ich
auf den Füßen wippend so vor mich hinstehe und die
Wahnsinnigen beobachte, die in ihren Systemen gefangen
sind, exotisch oder volksdeutsch oder Freistil, »achte auf
die Hände der Spieler«, sagt Stefan Zweig, und die Hände
kneten Chips und kneten sich selbst, links in rechts, Finger huschen übers Grün, Finger kratzen Hals und Wangen,
»einundzwanzig zwei zwei«, das bedeutet, dass der Spieler
seine Chips auf die 21 und die links und rechts neben ihr
liegenden Zahlen setzen will, wann hat der Japaner mir
das erzählt?, er hat seine Hände immer gefaltet, wenn er
auf mich einflüstert, und er reibt sie unaufhörlich und ist
ständig in Bewegung zwischen den Tischen, aber ich habe
ihn noch nicht einmal setzen sehen. Meine Arschtaschen
scheinen sich zu füllen, ich gewinne mit der kleinen Serie
ein paar Mal, dann spiele ich die Zahlen im Zero-Spiel und
gewinne auch dort, ich weiß nicht, ob ich meine Einsätze
verdreifache oder nur verdopple oder sogar vervierfache,
und wieder die kleine Serie, die Waisenkinder, das Null-

spiel, das 7 Zahlen umfasst, ich gewinnen mehrere Runden hintereinander, stopfe die Jetons einfach in meine Tasche und habe das Gefühl, mir würde der Arsch gewaltig anschwellen, und watschele wie Donald Duck rüber zur Bar. Kaum einer trinkt, und ich beobachte, Whisky trinkend, das Chaos. Ich blicke auf die Uhr, dreiviertel zwei, ich spiele seit fast zweieinhalb Stunden, bald macht der Laden dicht, und jetzt wird alles rausgehauen, was noch in den Taschen ist. Die beiden Pokertische sind leer, auch Black Jack wird nicht mehr gespielt, alles drängt sich um die Kessel und das Grün. *Nichts geht mehr.* Scheine verschwinden in den Schlitzen, 100er, 200er, 500er, 20er und 50er auch dabei. Große Türme werden dafür rübergeschoben, Babylon. Das müssen Stammkunden sein, denke ich, die Echtheit des Papiers wird nicht angezweifelt. Gewinner und Verlierer sind kaum auseinanderzuhalten, wenn die Kugel sich ihre Zahl gewählt hat, sofort wird wieder neu gesetzt, verlorene Chips prasseln in die kreisrunden Öffnungen im Grün, werden in diese schwarzen Löcher eingesaugt, der Tisch frisst alles, weiße Hände in einer Reihe neben den Zahlen spielen Klavier, da steht tatsächlich ein Mann in Smoking, ein paar Scheine in der Hand, die Braut neben ihm sieht abgewrackt aus, aber das kann auch am Licht liegen oder an der Gier, die verzerrt das weichste und schönste Fleisch, für den Moment und auf Dauer, je nachdem, die Uhr tickt, nur noch ein paar Chancen, um den großen Reibach zu machen oder zumindest auf Null zu kommen, ich trinke meinen Whisky aus, fühle mich wie Danny Ocean in Las Vegas und wuchte meinen chipsgepolsterten Arsch wieder rüber zu *meinem* Tisch. *Machen Sie Ihr Spiel!* Der Kessel dreht sich, die Kugel klimpert und surrt über die 37 Zahlen, der Croupier rückt seine

Brille zurecht, die Chips prasseln auf das Grün, jetzt wird auch Rot oder Schwarz gespielt mit gewaltigen Einsätzen, da haut der Mann mit dem karierten Hemd ca. 400 in kleinen Stücken auf Schwarz, da schreit eine furchtbar hässliche Vietnamesin, die vorhin noch sehr hübsch aussah, »twei, twei, twei!«, da schiebe ich 200 auf das Null-Spiel mit seinen sieben Zahlen, 12, 35, 3, 26, 0, 32, 15, dort liegt noch kein Chip, alles konzentriert sich anderswo, vor allem die kleine Serie ist bebaut mit Plastiktürmen, Babylon, *nichts geht mehr!*, »ich sagte *twei, twei, twei*«, schreit die Vietnamesin, die anscheinend ihr Spiel nicht mehr platzieren konnte, sie ist gar nicht mehr einzukriegen und schreit und greift quer über den Tisch, ein Mann in Smoking tritt hinter sie und flüstert ihr was ins Ohr, ich sehe, wie die Kugel langsamer wird, und dann liegt sie auf der Null. Grün. »Das hätte man doch wissen können«, ruft der Mann im karierten Hemd, ich richte mich auf, der Croupier nickt mir zu. Ich stopfe Jetons in meine Taschen. Zeit, Schluss zu machen. Ein Spiel noch.

Auf der Fahrt in die Stadt Hannover habe ich von Albatrossen gelesen, die leben am und im Meer, und da dort alles voller Plastikmüll ist, füttern sie ihre Kinder damit, weil sie's nicht besser wissen, und die krepieren dann elendig.

In der Spielbank der Stadt Hannover rutsche ich von 800 Euro auf 400. Auf dem Klo höre ich, wie sich jemand die Seele aus dem Leib kotzt. Getrunken wird dort nichts.

Eine Dame, die recht hübsch ist, erzählt mir, dass sie auch schreibt. Ich bin erschüttert. Wie vieles andere auch, ist Schreiben eine recht unschöne Sache. Manchmal möchte ich mein ganzes Geld verspielen und in der Gosse verschwinden.

Auf der Fahrt aus der Stadt H in die Stadt L über die Stadt M lese ich von einem Prozess, in dem es um einen zweiteiligen Amoklauf geht, Schule und Arbeitsplatz, aber das gehört hier nicht her. Bomben auf Monte Carlo. Man müsste die Islamisten spielsüchtig machen, das wäre die Lösung. Auf den Air-France-Flügen nach Amerika kann man Black Jack spielen auf einem kleinen Monitor in der Rückenlehne des Vordermanns. Allahs Waisenkinder. *Nichts geht mehr.*

Undercover und der Kopf

I

Berlin, Ende November 2009. Das Land hat sich verändert. Ich sehe den Bundestag durch die Fenster der S-Bahn. Schwarz-gelb beflaggt. Ich setze große Hoffnungen auf Guido und sein Syndikat der Macht und der Millionen, *Focus* und *Junge Freiheit* liegen ineinandergefaltet auf meinen Knien. Die Rennbahn und die Spielcasinos werde ich meiden und an der Börse mein Geld in den Aufschwung investieren. Ich trage jetzt täglich Krawatte. Es geht voran, die S-Bahn fährt, der *Mitternachtsfleischzug*, obwohl es erst Nachmittag ist, keine U-und S-Bahnschläger in Sicht, ich suche den Kopf.

Der liegt in Schöneberg. Genau gesagt auf dem Gelände des Güterbahnhofs Wilmersdorf (die BZ vom 4. September 2009 ist da etwas unscharf in der Beurteilung der geographischen Lage, gehört der Güterbahnhof Wilmersdorf noch zu Schönberg?), dort, wo die Wilmersdorfer Witwen wohnen. Ich kenne diesen Teil von Berlin nicht. Ich richte meine Krawatte und wickele mir meinen schwarz-gelben Schurwollschal um den Hals. Es ist kalt geworden. Immer noch keine U- und S-Bahnschläger in Sicht, ich spüre den geriffelten Griff meines ausziehbaren Teleskopschlagstocks in der Manteltasche, jederzeit bereit, rettend einzuschreiten, wenn Migrantenkinder oder Schmutzpunks die Fahrgäste bepöbeln. Multikulti und die bunte Republik D sind gescheitert. Und ich sehe schon den Bundespräsidenten vor mir, der mir das Bundesverdienstkreuz überreicht, Erster Klasse versteht sich, Bellevue ist eine Reise wert … *Ein himmelblauer Trabant, fährt übers Land, durch den Regen.*

Es geht voran, der Mitternachtsfleischzug rast quietschend über die Schienen der Reichshauptstadt, 15 Uhr 35, Südkreuz, ich muss umsteigen. Alles ruhig.

II

Auf der oberen Ebene des Bahnhofs Berlin Südkreuz bewege ich mich langsam wie durch einen schwerelosen Traum. 2009 – Odyssee durch den Stahlbeton. Weiß und Grau. Die große Fläche dieser Ebene ist von mehreren Quadern durchbrochen, Fahrstühle, die in die unteren Ebenen führen. Neben und zwischen diesen Quadern, zu einem seltsamen Muster geordnet das Ganze, kreisrunde Kioske, Zeitungen, Kulinarisches, in glänzenden Metallgehäusen, metallisch auch die Quader. Menschen laufen in Gruppen. Die Ringbahn fährt ein. Menschen steigen aus, in Gruppen, ihr Atem dampft. Ich ziehe den Kopf ein, der Mantelkragen berührt meine großen Ohren, der Stoff fühlt sich rau an, jemand fragt mich was, die Stimme kommt aus einer der Gruppierungen, Pendler mit schiefen Gesichtern, als ich antworte, dröhnt meine Stimme im breitesten sächsischen Tonfall durch diese obere Ebene des Bahnhofs

Berlin Südkreuz, und ich breche ab und springe zwischen den sich schließenden Türen hindurch ins Innere der Röhre. Mein Schal klemmt fest. Ich lehne mit dem Rücken an der Tür, jemand zieht von draußen an meinem Schal, während wir fahren, die Meute ist mir scheinbar dicht auf den Fersen, *irgendwer und irgendwas*, und während es mich immer fester mit dem Rücken an die kalte Tür presst und ich nach Luft ringe, schaue ich ins Innere, wo sie dicht an dicht sitzen und auf den Boden starren, da spürst du die Angst durch diese Röhre wehen, als wären alle Fenster aufgerissen, und die Kontrolleure donnern mit ihren Stiefeln und in kleinen Gruppen durch die Waggons und immer näher an mich ran, aber ich habe ein reines Gewissen, vertraue auf die neue Macht, *Zone ABC* steht auf meinem Ticket, *120 Minuten*, ich bin auf dem richtigen Weg, das fühle ich, und keine Angst, der Kopf. Schöneberg. Mein Schal ist nur etwas ramponiert, ein gelber, langer Fingernagel steckt zwischen den Wollmaschen, ich ziehe ihn raus und betrete den Bahnsteig.

III

Ein dunkler verwinkelter Bahnhof. Schwarze Steine. Aus einem kleinen Kiosk zieht beißender Qualm, die S- und U-Bahnen beliefern die uralten Landesväter, die tief unterm Bundestag wohnen, Schöneberg scheint eins der Portale zu sein. Die Schienen führen aus der Halle über eine Brücke und verschwinden zwischen den Giebeln der Häuser, das Gerippe eines Gasometers steht wie ein großes, kreisrundes Baugerüst um einen unsichtbaren Turm ein Stück hinter der Brücke, auf den oberen Streben des Gerüsts sitzen große Vögel, ich laufe über die schiefen Treppenstufen in die untere Ebene, wo der Ausgang ist, auch hier fahren Züge und verschwinden in den Tunneln. Ich stehe an einer breiten Straße, über die die Brücke führt, laufe in die andere Richtung, von ihr weg, spüre, dass er mich leitet, der Kopf.

666666 – Sexfilmcenter, DVD-Verleihe, CD-ROMs, Hefte, Comics, Ankauf, Tausch. Ich stehe vor der Scheibe, durch die man nicht blicken kann. VIDEOS. Der Schriftzug aus kleinen blinkenden Lämpchen, die einen Buchstaben nach dem anderen rot aufleuchten lassen. V-I-D-E-O-S. *DVD ab 3 Euro. Bizarr, SM, Gay, Thais.* Ein Mann kommt aus der Tür. Er schiebt sich seinen Rucksack zurecht, reiche Beute, wie es scheint, und läuft an mir vorbei.

Er trägt eine große Brille, und seine lockigen Haare fallen bis über die Schultern seiner Jeansjacke. Schöner Skalp. *Sporternährung, www.bodystar, Schmökerkiste, Pension/ Ferienwohnung.* Der Verkehr fließt, Rücklichter, Scheinwerfer, Ampeln grün, Ampeln gelb, es ist fast dunkel jetzt, rot. Im *Bierhaus Schöneberg* sitzen drei Männer mit einer Frau, die auch wie ein Mann aussieht. DIE UNTERSCHICHT VERTRINKT DAS GELD DER KINDER. Ich suche einen Laden, der Stadtpläne verkauft. Ein Zeitungsladen neben einer Nachtbar. Blinkendes Herz, rotes Fenster, Herzdame, wie im Kartenspiel, nur größer, *Unterhaltung,* der Kopf kann nicht weit sein, »wir führen keine Stadtpläne«, MARGOT HONECKER: DIE WENDE WAR VERRAT!, Ambulanter Pflegedienst, *Pflege mit Herz!,* noch eine Nachtbar, *Open End!,* die Herzen blinken in dieser großen Straße, grün gelb rot, ein dicker Mann schläft in dem Sessel im Vorraum des Pflegedienstes, eine Frau tätschelt ihm die Beine und liest einhändig Zeitung dabei, zwei Männer schwanken ins *Bier-*

haus, der kleine Klaus zum großen Klaus: »Ja, du hast mich in den Fluss geschmissen, und ich wär' auch ertrunken in dem Sack, aber da wohnt ein König unten auf dem Grund, der hat mich gerettet und reich beschenkt und hat auch eine schöne Tochter«, DAS WOHNZIMMER DES GRAUENS, »wozu brauch ich den Blick auf die Spree?«, hundert Autos hupen im Chor; ich entferne mich von der großen Straße, die Peripherie und Zentrum zugleich ist, ein Grenzfluss, *alle gucken auf das brennende Schiff, nur nicht Klaus, der guckt raus*, kleine graue Reihenhäuser, die Straßen heißen nach Städten, kleine Städte sind das meist, hier muss auch irgendwo die Merseburger Straße sein, TATORT STUDENTENBUDE, aber Studenten sehe ich keine in diesen immer gleicher aussehenden Nebenstraßen, die mich immer weiter weg vom Grenzfluss und seinem schwarzen Rauschen, grün gelb rot, bringen; alte Damen mit Hüten kommen mir entgegen, mittelalte Männer mit Wollmützen und Kinderwagen, Rentner mit Stock und Lederhut, ich versuche, den Verlauf der Bahngleise, die da irgendwo hinter den Häuser sind, zu schätzen, Güterbahnhof Wilmersdorf, auf der Suche nach dem Kopf, der *Zustand* ist entscheidend, und auf einmal der Hirsch, golden glänzend im Licht des elektrischen Abends.

IV

Ich stehe auf einer kleinen Brücke, die über ein Wasser führt, das nicht fließt, Bäume und Wiesen drum herum, Volkshain Schöneberg, schmale Wege mit Laternen, Enten hocken in Gruppen auf dem Ufergras, Lichter bewegen sich übers Wasser und erfassen verirrte Enten, die sich vorder Gruppe entfernt haben, und der Hirsch dahinter hoch auf einem Sockel, den die Dunkelheit schluckt, so dass das Tier über den Wipfeln schwebt, ruhig.

Ein paar Leute mit Hunden erkenne ich schemenhaft auf den Wegen des Volkshains Schöneberg, die Schatten der Hunde vor ihnen und auf den Wiesen, leinenlos, das Bellen wird lauter, Enten flattern ins Wasser, zwei, drei Schäferhunde stehen breitbeinig direkt unter mir und der Brücke, starren und knurren zu mir hoch, die Reißzähne zum Reißen gebleckt, der goldene Hirsch verschwindet zwischen den Wipfeln, als ich mich umdrehe, und das wütende Bellen dieser drei Hunde im Rücken, eile ich über die Brücke, und dabei wachsen die Schäferhunde in meinem Kopf, nehmen die Gestalt der Höllenhunde im Märchen an, die drei Töpfe mit Münzen bewachen, und ist dann der goldene Hirsch der Wächter der Idylle, die nicht mehr existiert, nicht mal im Märchen, »Wo hast du den Scheffel Geld her?«, fragt der große Klaus den kleinen Klaus verwundert, »Hab meine tote Großmutter verkauft«, antwortet der, und der große Klaus geht heim und erschlägt seine Großmutter mit der Axt und schafft sie in die Stadt, um sie zu einem Scheffel Geld zu machen.

Ein Stück hinter der Brücke steht das kleine, eckige Gebäude mit dem kleinen, eckigen Turm, auf dem die weißrote Fahne mit dem schwarzen Bären weht, Rathaus Schöneberg, *Völker der Welt, schaut auf diese Stadt!*, die Fahne knattert im Wind, *Ich bin ein Bär!*, da wehen mir Stimmen und Zeiten und Lieder entgegen, dass mir der Atem gefriert, und ich stemme mich gegen den eisigen Strom, sehe schon die Lichter der Ratskellers vor mir, kann mich aber im letzten Augenblick zur Seite werfen, ZING DING DING pfeifen die Projektile der Sniper durch Zeit und Raum, ich sehe das Blinken der Zielfernrohre auf den Dächern, »Das muss eine Verwechslung sein!«, will ich schreien, die wollen sicher den Bären erlegen und vielleicht auch den goldenen Hirsch mit einem doppelten Blattschuss, direkt ins offene Cabrio, die Sniper haben lange Bin-Laden-Bärte, die in die Dachrinnen hängen, DING DING ZING zwitschern die Projektile durch Berlin, Stadtteil Schöneberg, zwitschern vorbei an Fressbuden, Currywürsten aus Menschenfleisch, Bundestag, Reichsadler, durchschlagen die Glasscheiben des Hauptbahnhofes, Scherben regnen auf die Reisenden und werden rot, streifen die Kuppel der großen Moschee in Kreuzberg, durchtrennen die Beinarterie eines U-Bahntreters, der gerade mit seinem Fuß den Kopf eines am Boden liegenden Mannes anvisiert, hinterlassen eine blutige Schneise in dem Volkssturm auf die Schnäppchen des Mediamarktes am Alexanderplatz, das Metall der Projektile bohrt sich durch Drogengeld in Neukölln, das schon bald in Charlottenburg die Wände tapezieren wird, Ströbele setzt sich einen *Schuss* gegen das Altern, Nummer 68 um genau zu sein, *gold* rot schwarz *grün* leuchten die Farben der Apokalypse über der Stadt, ein gewaltiger Arc de Triomphe ist am Horizont zu sehen, als würde er dort schon seit Tausenden von Jahren stehen, und ich renne und denke: der Hirsch, die Hunde und der Bär, damit hat alles begonnen, als hätte der Hauptstadtzoo Ausgang in dieser Nacht, deren Abend angebrochen ist, *der Fozzie-Bär, der Fozzie-Bär, der hat es schwer, der findet keine Fotzen mehr,* und ich renne … Volkshain Schönberg, das Bellen der Hunde ist weit entfernt jetzt, die Meute verschwindet Richtung Osten und ich in den künstlichen Wäldern.

V

Die Bundesallee. Ich stehe vor der seltsamen Konstruktion einer Fußgängerbrücke, die über diese gewaltige Straßenschneise hinwegführt. Hinter mir der Volkshain, durch den ich die Ewigkeit einer Nacht tausendundeinmal geirrt bin, vorbei an den Regimentern und Truppen, die ins Badische des Jahres 1849 ziehen, um dort die Demokraten zu erschlagen im Auftrag des Führers Wilhelm Eins, und dem silbern im Mondlicht glänzenden U-Boot des BND, das plötzlich aus einem der Teiche hervorbrach.

In der Mitte der Bundesallee, auf einem Grünstreifen, der die Fahrbahnen trennt, steht ein großes, gleichschenkliges Dreieck, blau, die Spitze in den Nachthimmel, und zwischen den beiden Schenkeln führt die schmale Brücke hindurch, freischwebend von Stahlseilen gehalten, die an der Spitze des Dreiecks befestigt sind. Die Wälder und Wiesen des Volkshains scheinen sich auf der anderen Seite noch weiter hinzuziehen, bis ins tiefste Brandenburg, wo in der national befreiten Zone Spreewald die braunen Separatisten regieren, und bis in die dünn besiedelten Urwälder Ostpolens, wo die Wisente grasen.

Die Brücke schwankt im aufkommenden Wind, unter mir der Strom der Autos, aus der Stadt und in die Stadt, 20 Uhr 15, *Tatortzeit*, da war doch was, aber das geht mir nicht aus dem Kopf bzw. in den Kopf, was da war, mit dem Kopf, den ich doch suche, *Undercover*, mit jedem Schnitt und jeder Zeitzone mich dem Ort nähernd, der mir aber nicht materiell zu sein scheint, ob die *Verwesung* schon eingesetzt hat, *der Schwanz stinkt immer vom Fisch her, vor allem am Kopf*, 20 Uhr 17, ich verlasse die Brücke, weil die Stahlseile knarren, als ständen sie unter kaum zu ertragender

Spannung, kurz vorm Reißen, und wie eine sehr lange Peitsche schwingt tatsächlich eins der Stahlseile laut knallend mitten in den Verkehr und zerteilt buntes Metall wie Butter.

Ich laufe auf dem Fußweg neben der Bundesallee. Über den Bäumen leuchtet das *Deutschlandradio*, Strahlungen fächerförmig in den Nachthimmel, *mit dem folgenden Ton ist es 20 Uhr 20*, ein grün gelb rotes Blinken fasziniert mich, ein Verkehrsgarten direkt neben dem Fußweg hinter einem Gitterzaun, ein Junge fährt ganz alleine auf einem Fahrrad mit Stützrädern durch diese kleinen Straßen, hält an den Ampeln, überquert die Kreuzungen, *Vorfahrt beachten, Einbahnstraße*, die Ampeln schalten im Sekundentakt, und er radelt immer schneller durch dieses Labyrinth, er fährt sogar mit Licht, ich höre das Surren des Dynamos und spüre, wie der Wind an meinem Mantel reißt, der Junge zieht einen Lichtschweif hinter sich her, so schnell ist er geworden, bald hat er die Schaltphase der Ampel überholt und kann in die nächste eintreten, »Vorsicht!«, will ich rufen, HELMI – MEHR SCHUTZ UND SICHERHEIT FÜR KINDER, steht auf einem Schild am Zaun, Helmi ist ein lustiger Bursche mit einem roten Herz auf seinem kugeligen Körper, roter Helm und rote Schuhe, er hat ein Knollnase und schwarze Knopfaugen, HELMI KOMMT – HELMI WARNT, und ich rieche verbrannten Gummi, der Junge kann wohl nicht aufhören, immer schneller und schneller zu radeln, ist gefangen zwischen den Ampelphasen und ruft mit hoher Stimme um Hilfe, aber ich laufe weiter die Bundesallee entlang, wollen wir Helmi mal nicht stören, lieber nicht einmischen, Helmis Behörde wird das schon regeln, nicht dass er arbeitslos wird, wenn ich ihm ins Handwerk pfusche, und was soll so ein lustiger Kerl wie der Helmi auf dem Arbeitsamt, da verliert er nur seine Lebensfreude, und das wollen wir nicht, gelle?

Und auf der Bundesallee reißt mich der Wind fort, zerrt meine Zeitungen aus der Manteltasche und verweht sie zwischen den Autos und den Büschen und den Betonsäulen der Hochstraßen, die plötzlich vor uns auftauchen und die Fläche zerschneiden, Häuser nur noch an den Rändern. Da wirbeln die Blätter durch das Chaos, nur der *Focus* ist zu schwer und liegt im Rinnstein in einem großen Haufen Hundescheiße und flattert mit den Seiten wie ein Fächer, und die Lichter der Autoscheinwerfer erfassen die verwehten Schlagzeilen, DIE VERNICHTUNG DES WESTENS, während ich an einer Ampel die Bundesallee DIE SCHWARZE HOFFNUNG überquere, denn ich sehe *etwas*, das mich anzieht, den Kopf UNTERSCHICHTSEINWANDERUNG und meine Suche kurz vergessen lässt, ISRAELISCHE AGENTEN KONTROLLIEREN FLUGGÄSTE auf dieser großen Fläche, die ich durchquere, DIE WEISSE WELTHERRSCHAFT GEHT ZU ENDE, Landnahme.

VI

Drei Schornsteine. Wuchtig, gedrungen, dunkel, ein, zwei Kilometer entfernt, schlecht zu schätzen, am Horizont hinter den Hochstraßen und Häusern. Nebel kommt auf. Oder ist das der Rauch aus den Schloten? Gehören sie zu einer Fabrik? Ein gewaltiges Krematorium? Führen die Steinröhren bis tief in den Untergrund, wo die uralten Stadtväter hausen und auf Nahrung warten? Von ferne höre ich Geräusche, ein dumpfes Stampfen, WUMM KLAMM, WUMM KLAMM, sind das die Züge, die von schwarzen, dampfumhüllten Lokomotiven langsam in Bewegung versetzt werden? Güterbahnhof Wilmersdorf, die Rampen voll mit Menschen und Waren, WUMM KLAMM, WUMM KLAMM, der Kopf muss ganz nah sein, und das Stampfen hämmert in *meinem* Schädel, der mir zum Glück noch heil auf den Schultern sitzt, HEIL DIR KOPF, DIE TODGEWEIHTEN GRÜSSEN DICH, aber ich sehe nur diese drei Schornsteine, rote Lichter direkt unterm Rauch, damit die Luftschiffe nicht zerschellen und brennend auf die Stadt stürzen. Die Ebene vor mir verbreitert sich zunehmend, wird von Gräben durchschnitten, in denen S-Bahnen fahren, das Grollen der U-Bahnen höre ich aus Gullydeckeln und den Öffnungen der Abwasserrohre, aus denen rotbraune Flüssigkeit auf den Rinnstein tropft, auch über uns Ebenen, Schnellstraßen, Brücken, die auf Betonsockeln ruhen, an die sich kleine Imbissbuden quetschen, INGES WURSTECK, fast gehen sie mir verloren, die drei rotgekrönten Säulen, die dieses Chaos aus Bewegung und Material zu beherrschen scheinen, stoisch zeigen sie dem Himmel und denen, die von oben gucken können, Zeit-und-Raum-Beobachter, ihre schwarzen Löcher, *ich bin so alt wie das Licht … wie die anderen Wächter des Universums auch … Jahrtausend um Jahrtausend haben wir nur einem Ziel gedient … der Herstellung der Ordnung mit unserer Wachbehörde, dem Green Lantern Corps*, ein Comic-Heft liegt aufgeschlagen im Rinnstein WUMM KLAMM, WUMM KLAMM, Quietschen, Brummen, Kreischen, Hupen, Scharren und Reiben, Mechanik, Elektronik, Gummi Metall Stein, und als ich fast glaube, mich in dieser pulsierenden Nacht zu verlieren, der Mitternachtsfleischzug donnert durch mein Hirn und durch meine Nervenbahnen, ist mit einem Mal, mit einer winzigen, kaum wahrzunehmenden Bewegung einer Zehntausendstelsekunde, Ruhe.

Die Bahnen des Lichts auf den Straßen, lautlos. Die großen Maschinen am Himmel gleiten so still wie Segelflieger. Das plötzliche Schweigen der Stadt gibt mir Zeit zu denken. Was soll ich hier finden, Güterbahnhof Wilmersdorf, die Scheinwerfer des Taxis beleuchten den Boden, und der Fahrer bleibt nur, weil ein Fünfziger vor ihm auf dem Armaturenbrett liegt. Oder habe ich ihn erwürgt, erschlagen und erstochen, Bleistift in die Schlagader, habe ich ihm eine Plastiktüte von hinten über den Kopf gezogen oder ein vorbereitetes Tau um seinen Hals geschlungen und seinen furchtbaren zwanzigminütigen Todeskampf mit lautlosen Schreien überstanden? November, wenn die Bienen sterben. Ich versuche, die Lücken zu füllen, wühle in der Erde, wo standen diese drei Säulen, aus deren Öffnungen der Qualm wie Nebel in die Stadt zog?, also wo genau?, Schöneberg ist das Zentrum, das Portal, der Kopf, der mir den *Zustand* zeigen soll. Umzäuntes Areal. Stacheldraht. Verschlossene Tore. Flache Hallen. Was wird hier produziert? Oder was zu Asche verbrannt? Das Land hat sich verändert. Manches hat es immer schon gegeben: Ein Mann erschlägt einen Mann, *der große und der kleine Klaus*, keiner weiß, warum, zerstückelt ihn, Teile landen in der Tiefkühltruhe, Teile verschwinden, und der Kopf …

Die Halle ist menschenleer. Keine Arbeitsgeräte, keine Werkbänke, keine Fließbänder, keine Maschinen. Nur Monitore an den Wänden, Flachbildschirme, deren mattes Leuchten mich wie ein Ring umschließt. Und nur Zahlen auf dem Weiß, endlose Zahlenreihen, die sich verändern, ein stetiges Fließen, Kommastellen verrücken, Millionen und Pi. Durch die großen Oberlichter kann ich die drei

Schornsteine über mir erkennen. Mir ist, als hätte ich das alles schon erlebt. Oder gesehen zumindest. Soll die Halle die Sockel schützen, oder gehören die Schornsteine zu einem Kraftwerk *weiter unten*, das den Monitoren Energie liefert? Der Zugang war neben einer Imbissbude unter einer der Hochstraßen. INGES WURSTECK. Keine Ecke. Das Dixiklo fuhr ratternd mit mir in die Tiefe. Ich muss zurück zum Anfang. Haare reißen, und ich greife nach. Berlin, Ende November 2009, es ist kalt geworden. Mein Atem gefriert in der Halle, aus der die Schornsteine in den Himmel wachsen, die roten Lampen warnen dort oben nicht nur die Flugobjekte, bekannt oder unbekannt. Meine Schritte machen keine Geräusche. Ich erkenne jetzt große Türen in jedem der Sockel. Wozu das Ganze?, denke ich. Nichts mehr ergibt einen Sinn. Wo ist der Kopf? Wehen die Buchstaben immer noch über die Bundesallee? Wer betreibt diesen Komplex und die Monitore am Rand des alten Zentrums der Hauptstadt?

Ich schlage mit beiden Fäusten auf die Erde, die gefroren ist, so hart, dass meine Haut aufplatzt. War es hier, war es dort? Ich renne zwischen den seit Jahren leeren Bahnhofsgebäuden hin und her, immer mal wieder im Scheinwerferlicht des Taxis. Und dann plötzlich ein langgezogenes, lauter werdendes Hupen. Ich renne auf die Gleise zu. Meine Trommelfelle reißen. Das ist nicht mehr –

Draußen vor der Tür

I

Ich gehe mit dem Hund raus auf den Hof. Kurz nach zwei Uhr nachts, und die Nacht ist sehr warm, der Sommer ist noch mal zurückgekommen in diesem August, nachdem es lange kühl und regnerisch gewesen ist. Der wärmste Tag des Jahres war in dieser Woche. Tat meinem Hund nicht gut, die Wärme. Tat auch mir nicht gut, dass die Nächte sich nicht abkühlten, wenn ich schrieb. Ich nehme mir immer vor, am Tag zu schreiben, aber dann fange ich doch erst an, wenn alles still wird. Ich wohne im Erdgeschoss, *Hochparterre*, ein Wort, das kaum noch benutzt wird. Als Kind wusste ich lange nicht, was das heißt, wenn ich es in Büchern las. Dachte an ein Geheimnis. Eine seltsame Zwischenebene in den Häusern.

Mein Hund tut sich schwer, die paar Stufen nach unten zu kommen. Langsam setzt er eine Vorderpfote auf die erste Stufe, greift mit der anderen sehr zögernd zu weit nach unten und findet die Stufe nicht, dass ich ihn festhalten muss; oft stürzt er, wenn ich nicht aufpasse, und rutscht, sich manchmal überschlagend dabei, auf die Fliesen vor der Hoftür. Die Fliesen sind glatt, und seine Hinterläufe rutschen weg, es reißt sie förmlich auseinander, als wollte er einen Spagat machen. Der Körper hält kaum noch zusammen. Ich stehe auf der Türschwelle und sehe, wie er ein paar Meter auf den Hof geht und auf die Stelle des Steinbodens pinkelt, auf die er immer pinkelt. Die Steine sind fast weiß dort inzwischen. Ich trage ihn die Treppe hoch, er hat deutlich Gewicht verloren in den letzten Wochen. Seine Pisse riecht stark nach Schwefel, bis ins Treppenhaus. Die Wohnungstür ist zu. Ich kann mich nicht erinnern, sie zugemacht zu haben. Ich suche in meinen Hosentaschen nach meinem Schlüsselbund. Nichts. Wie komme ich jetzt in die Wohnung? Meine Mutter hat einen Ersatzschlüssel, ich könnte rüber zur Telefonzelle gehen und sie anrufen. Aber sie ist in Afrika, noch bis Ende des Monats, glaube ich.

Meine Wohnungstür ist eine Flügeltür, wenn ich den rechten Flügel, an dem die Klinke und das Schloss sitzen, nach innen drücke, so weit es geht, komme ich mit der Hand durch den Spalt an die beiden Sperrvorrichtungen, die den anderen Flügel mit Hilfe zweier Metallstifte geschlossen halten, der untere senkt sich in den Fußboden, der obere befindet sich in einer schmalen Öffnung im Türrahmen. Wenn es mir gelingt, an die Hebel zu kommen, die die Stifte bewegen, kann ich die Flügel nach innen drücken, das Schnappschloss gibt dann nach. Ein komplizierter Vorgang. Zumal ich einen Korken in die obere Sperrvorrichtung integriert habe, um das Herunterdrücken des dortigen Hebels und das damit verbundene Aufdrücken der Tür zu verhindern. Es reicht nämlich, diesen oberen Stift aus seiner Verankerung im Holz des Rahmens zu ziehen, der untere Stift springt dann von alleine heraus, wenn man seinen Körper heftig genug gegen die beiden Flügel wirft, am besten mittig. Es ist schwierig, Vorgänge technischer oder mechanischer Art exakt zu beschreiben.

Machen wir es ganz simpel an einem Beispiel deutlich: Also, ich hab da schon was vorbereitet, *Mach's mit, Mach's nach, Mach's besser, Meyers Training für angewandte Mechanik.* Wir haben hier zwei große Bretter. Ein Brett bzw. *mein* Brett ist im Prinzip nichts anderes als ein dreidimensionales Rechteck. Also da stell ich's mal hin, hochkant, dann sieht's nämlich schon mal aus wie eine Tür bzw. wie *ein* Flügel meiner Tür. Vorne eine große Fläche, auf der Rückseite eine große Fläche. Und dann haben wir zwei lange Innenkanten zwischen diesen beiden Flächen und zwei kurze, oben und unten. Wenn wir jetzt unsere beiden rechteckigen Bretter hochkant nebeneinanderstellen, so dass sie sich in der Mitte berühren, treffen die langen schmalen Innenseiten direkt aufeinander, ein winziger Spalt ist nur noch sichtbar zwischen diesen beiden Flügeln. Und dort fährt, vom rechten Flügel in den linken Flügel, die Metallzunge des Türschlosses, wenn man schließt. Und genau in dieser langen schmalen Fläche des dreidimensionalen Rechtecks sitzen die Sperrvorrichtungen. Und jetzt zieh ich die Bretter wieder auseinander, *das Heimwerkern ist des Zimmermannsburschen Lust, das Hei-heimwer-kern!*, drehe das Brett, das den linken Flügel meiner Tür darstellen soll, so, dass es mit der langen schmalen Seite Richtung Kamera steht. Gar nicht mehr so kompliziert das Ganze, gelle!, und dort, ins Holz dieser schmalen Seite sind zwei Öffnungen eingelassen, oben und unten, darin sitzen die Stahlstifte mit den beweglichen Hebeln bzw. Schiebern, rein-raus, rein-raus, Flügeltür fest − Flügel beweglich, comprende?

Und in die obere Öffnung habe ich einen Korken ge-
zwängt, der passte da eigentlich gar nicht rein, mit einem
Hammer habe ich den Korken in die kleine Öffnung gezwungen, der hält jetzt den Hebel und den Stift schön fest,
damit niemand, wenn er an der Tür rumdrückt, in den
Spalt greifen kann und einfach den Stift aus seiner Verankerung im Türrahmen ziehen, und dann Tür offen, wenn
ich außer Haus, und Wohnung leergeräumt, und ich nix
versichert.

Mein Hund steht vor der Tür, tippt ein paar Mal mit der
Schnauze gegen das Holz und guckt mich etwas dümmlich an. Er ist sehr alt und steht nicht gerne für längere
Zeit, geht schon leicht in die Hocke mit den Hinterbeinen,
will in seine Ecke für den Rest der Nacht. Aber was tun?
Mutter ist in Afrika, mein Ersatzschlüssel in ihrer Wohnung, ich könnte zu meiner Schwester gehen, die ca. zwanzig Minuten entfernt wohnt, die hat einen Schlüssel für
die Wohnung meiner Mutter, die ca. zehn Minuten entfernt wohnt. Aber was soll ich mit dem Hund machen? Der
Weg ist viel zu weit für ihn, seit ein paar Wochen schafft er
es nicht mal mehr auf die andere Straßenseite, wo der
kleine Wald liegt, in den ich seit fast zehn Jahren, so lange
wie ich in dieser Wohnung wohne, mit ihm gehe. Vorher
lebte ich auch ganz in der Nähe; wenn ich mich richtig erinnere, gehe ich seit 1999 mit dem Hund auf dieses Areal,
auf dem bis 1994 eine riesige Fabrik stand, VEB Polygraph,
der Patenbetrieb meiner Schule, Druckmaschinen stellten
die her, einige Male, zwischen 1986 und 1989 muss das gewesen sein, war ich dort mit meiner Klasse zu Besuch. Wir
wurden durch die großen Hallen geführt, überall Maschinen, Straßen zwischen den Hallen und Gebäuden, wie in
einer kleinen Stadt, sogar einen Eisenbahnanschluss gab

es. Die Schienen kann man heute noch sehen. Quer über die Straße laufen sie und enden vor dem Zaun, hinter dem der kleine Wald seit fünfzehn Jahren wächst. 1999 waren die Bäume und Büsche noch nicht so hoch und dicht. Manchmal blieben die Leute auf den Fußwegen stehen, wenn sie mich und meinen großen schwarzen Hund durch dieses Buschland streifen sahen. Da gab es große Senken, wo die Keller der Fabrik gewesen waren, in einer Senke sammelte sich um 2000 so viel Wasser, Schnee und Regen, dass eine Entenfamilie über ein Jahr dort lebte. Ich konnte ihn immer gerade so zurückrufen, wenn er ihnen an den Kragen wollte, aber eigentlich war er ja nur neugierig und wollte spielen, aber das sagen wohl alle Hundebesitzer, »Ach, der will ja nur spielen«, aber bei meinem Hund stimmte das tatsächlich, er war sehr gutmütig, aber etwas ungestüm, ich habe selten jemanden getroffen, der ähnlich gutmütig war.

Im Lauf der Jahre wurde das Grün gegenüber meinem Haus so dicht, dass ich mich dort im Sommer über Stunden verstecken konnte, mit dem Hund in einer der halb zugewachsenen Senken saß und las oder die Handlungsbögen großer Werke notierte. Und nun scheißt er nur noch auf den Hof, zum Glück ist dort eine kleine, verwilderte Wiese um einen alten Kirschbaum herum, die gehört eigentlich schon zum Nachbargrundstück, aber das Haus haben sie vor zwei oder drei Jahren weggerissen, so dass ich jetzt freien Blick auf einen kleinen Flachbau habe, direkt unterhalb des Bahndamms, der hinterm Haus verläuft, dort werkelt irgendeine Schreinerei, manchmal bis spät in die Nacht, und manchmal stößt die giftig riechende Dämpfe aus einem kleinen Blechschornstein, dass ich die Fenster schließen muss. Gegenüber der Schreinerei

214

verläuft der geschwungene Häuserbogen einer Seiten-
straße, die von der großen Hauptstraße, an der mein Haus
sehr vereinzelt steht, abgeht. Schöne sanierte Häuser sind
das, aber viele Wohnungen stehen leer. Ein paar Russen
haben sich dort in einem der Häuser breitgemacht. Die
kann ich in den Nächten manchmal hören. Brüllen und
Grölen, ab und zu schreit eine Frau. Das scheint aber ihr
normaler Alltag zu sein, Feiern und Streiten. Nur einmal,
da saß ich abends auf meinem Klappstuhl und sah dem
Hund zu, gar nicht so lange her kann das sein, denn da
kippte er manchmal auch schon um beim Kacken, weil
die Hinterläufe nicht mehr stabil blieben in seiner Hock-
stellung, da schoss einer der Russen mit einer Knarre aus
dem Fenster. Wahrscheinlich nur eine Schreckschusspis-
tole, aber wer weiß das schon. *Ich* weiß, dass das einer der
Russen war, weil er laut fluchte dazu. Als wenn es nicht
reichen würde, nachts rumzuballern, da müssen auch
noch ein paar deftige Flüche gebrüllt werden. Und die
Bullen gerufen hat natürlich keiner, ich mach so was aus
Prinzip nicht, da muss schon einer Amok laufen, und
zwar richtig.

Und nun steh ich mit dem alten, müden Hund vor meiner Tür und weiß nicht, wie reinkommen, 2 Uhr 15 inzwischen. Ich ziehe den Abtreter von der Türschwelle weg an
die Wand gegenüber und sage dem Hund, er soll sich dort
drauflegen. Er dreht und wendet sich, bevor er sich nieder-
legt, steht dann wieder auf und platziert sein Hinterteil
erst da und dann wieder am anderen Ende meines großen
Fußabtreters, wenigstens muss er nicht auf den blanken
Fliesen liegen, wie jeder Alte will er es weich und warm für
seine morschen Knochen. Er liegt direkt unter dem Kasten
mit den Stromzählern. Wie oft hat da einer von den Stadt-

215

werken gestanden und mir oder jemand anderem im Haus den Saft abgedreht. Wenn ich jetzt zu spät bezahle, weil ich auf Reisen bin oder mich über Wochen der Außenwelt verweigere und schreibe oder auf dem Bett liege und die Geschichten in mir arbeiten lasse, sind sie sehr freundlich, wenn sie kommen, »Ja, Herr Meyer, selbstverständlich kann ich nachher noch mal kommen, wenn Sie auf der Bank waren, welche Zeit wäre Ihnen denn recht?«; vor vier fünf, sechs Jahren haben sie ohne Kommentar den Schalter umgelegt und verplombt, wenn ich nicht flüssig war, um sie auszuzahlen. Und wenn ich dann, weil jeder Mensch ja Strom braucht, auch wenn er pleite ist, diese Plombe mit Hilfe von etwas Schmieröl vom Schalter flutschen ließ, kamen sie noch mal und bauten eine Sicherung aus dem Innenleben dieses Zählerkastens, die konnt' ich nicht so einfach überbrücken, da ging's um zu viel Volt. Einmal wachte ich auf, hatte wohl das Klingeln nicht gehört, stand da tatsächlich so ein Strompolizist meiner Wohnungstür direkt gegenüber und steckte seinen Kopf in den Kasten und war am Fummeln und Schrauben, und als ich meine Tür aufmache, um zu fragen, was das verdammt nochmal soll, drückt sich der Hund an mir vorbei und springt dem Strompolizisten direkt ins Kreuz, dass der hoch und schrill aufschreit vor Angst.

Aber ich sagte ja schon, dass er nur neugierig war und ihn begrüßen wollte auf seine Art.

Ich drücke den rechten Türflügel, so weit es geht, mit der Schulter nach innen Richtung Flur. In dem entstehenden Spalt wird der kleine Hebel sichtbar, unter dem der Korken sitzt. Ich drücke stärker und versuche, den Spalt zu verbreitern. Dann versuche ich, mit der Hand hineinzufahren und irgendwie den Korken zu greifen. Aber sobald ich meinen Körper, und damit den Druck, etwas verlagere, wird der Spalt zu klein für meine Finger.

Also muss eine Art Keil her. Ich gehe wieder auf den Hof. Ich finde ein paar Äste vom Kirschbaum, der auch alt wird. Kirschen trägt er noch im Sommer, aber es werden weniger von Jahr zu Jahr. Im letzten Sommer lagen Hunderte Kirschen auf der Wiese und um den Baum, der Hund aß täglich die vergorenen Früchte, wurde alkoholsüchtig, stand schwankend in der Sonne und glotzte mich dümmlich an mit leerem Blick und suchte noch im Herbst, als alle Früchte längst verschwunden waren, verzweifelt den Boden nach Nachschub ab. Ich breche mir ein paar Holzstücke zurecht, muss dabei aufpassen, nicht in einen der Scheißhaufen auf der Wiese und zwischen den kleinen Büschen zu treten. Die werden noch den Boden düngen, wenn der Hund längst verschwunden ist. Ich gehe rein. Wieder den Körper gegen die Tür und das stärkste Aststück in den Spalt gerammt. Da steckt es dann also, und ich kann den kleinen Hebel und den Korken darunter sehen. Der Spalt ist aber noch nicht groß genug, um mit der ganzen Hand reingreifen zu können, und ich brauche eine ganze Weile, um ein zweites Stück Holz zwischen die beiden Flügel zu schieben, und weil das immer noch nicht reicht, ein drittes. Ich schwitze schon ziemlich und ziehe das Hemd aus, arbeite im Unterhemd weiter. Jetzt komme ich an den Korken, der Spalt ist vielleicht zwei Finger breit, und mit diesen zwei Fingern versuche ich, den Korken zu greifen. Und dann schreie ich wie ein Vieh. Weil doch tatsächlich einer meiner provisorischen Keile nachgibt und sich nicht im Spalt hält, und die anderen beiden schließen sich an, bevor ich meine Finger rauskriege. Der Hund schaut mich etwas dümmlich, aber doch mehr verwundert mit geneigtem Kopf und dunklen Augen an, wie ich da so schreie und meine Finger aus der hölzernen Umklammerung reiße. Ich renne wieder auf den Hof, kein Ast zu finden, der stark genug ist, ich gehe wieder rein, renne schweißüberströmt in den Keller, der zum Glück offen ist, finde zwischen den Besen und Schaufeln des Hausmeistern einen abgebrochen Holzstiel, von einer Schaufel oder einem Spaten. Wieder hoch zur Tür, ich hebele erst unten und ziehe dort den Metallstift aus seiner Verankerung, aber das Sperrsystem oben hält die Flügel zusammen, sooft ich mich auch gegen sie werfe, jetzt weiß ich, dass ich ein spitzes Werkzeug brauche, einen Schraubenzieher oder eine Ahle, um den Korken aus der Öffnung unter dem Hebel förmlich herauszustechen, denn fest steckt er und blockiert.

Ich renne noch mal in den Keller runter, finde aber weder einen Schraubenzieher noch ein ähnlich geeignetes Werkzeug. Der Schweiß läuft mir in die Augen. Es ist jetzt fast 3 Uhr. Ich überlege, wen ich rausklingeln kann im Haus. Einen Schraubenzieher hat doch eigentlich jeder. Viele Möglichkeiten habe ich nicht. Die beiden ganz oben? Links der lange dünne, fast zahnlose Mann, rechts die dicke Frau. Vielleicht sind sie auch gerade zusammen in einer Wohnung, Genaueres weiß ich nicht über ihr Verhältnis, anfangs dachte ich noch, sie sind Bruder und Schwester, will's eigentlich gar nicht wissen und beschließe, sie schlafen zu lassen. Sind nette Leute, komme gut mit ihnen aus, auch wenn er Lok-Fan ist. Er hat einen Lok-Aufkleber auf seinem Briefkasten, der Chemie-Aufkleber auf meinem Briefkasten ist mindestens doppelt so groß. Wenn bei mir jemand um 3 Uhr nachts klingelt, ich würde nicht öffnen, bzw. so tun, als wäre ich nicht da. Das Blöde am Erdgeschoss, *Hochparterre*, ist, dass man das Licht sieht. Eine Zeitlang klingelte Trinker-Thilo regelmäßig, wenn er mein Licht in der Nacht sah. Ein paar Meter die Straße runter ist eine Tankstelle. Das war sein Nachschubweg, viele Jahre lang. Und er war nicht der Einzige. Vor allem in den Sommernächten ziehen endlose Trinkerkolonnen an meinen Fenstern vorbei. Deswegen liebe ich die langen und kalten Winter, die es kaum noch gibt.

Ich könnte bei Ali klingeln. Der ist ein sehr gastfreundlicher Mann, würde mir sicher einen Schraubenzieher leihen. Bis vor zwei, drei Jahren war ich oft bei ihm zu Besuch. In meine Wohnung kam er nicht gern, wegen des Hundes. Hunde sind unreine Tiere, sagte er mir. Wir haben uns trotzdem ganz gut verstanden. Wir haben Wasserpfeife geraucht, Tee getrunken und über den Islam und Gott und die Frauen geredet. Ali ist strenggläubig, ich würde das zumindest so nennen. In seinem Wohnzimmer hängen große Wandteppiche mit den Gesichtern verschiedener Heiliger, Imam Ali, Ajatollah Chomeini und ein paar andere, deren Namen ich vergessen habe. Einige Male, aber das ist jetzt auch schon fünf, sechs Jahre her, bin ich mit ihm in die Moschee gegangen. Nicht, weil er mich bekehrt hat zum wahren Glauben, sondern weil ich noch nie in einer Moschee war und dachte, in den Zeiten des islamistischen Terrors, der Islamphobien und der Islamisierung Europas, Afrikas und der Welt muss man einmal in so einem *Raum* gewesen sein, um das Geheimnis dieser Gottesportale und der dortigen *Gruppentranszendenz* zu ergründen. Aber ich war ein wenig enttäuscht von der Leipziger Moschee, nur eine große Wohnung in einem runtergekommenen Mietshaus, aus der die Wände so herausgebrochen waren, dass ein paar kleine Säulen entstanden. Teppiche auf dem Boden, Teppiche an den Wänden, arabische Schriftzeichen, viel Gold, viel Kitsch, viel Tand, Hauptsache, Gott fühlt sich wohl, in der Nachbarwohnung lag die Moschee für die Frauen und Mädchen, wie in den getrennten Umkleidekabinen des Freibads ist das, ein Gott für die Männer und einer für die Mädels, bzw. zeigt er da seine weibliche Seite. Alis deutsche Freundin, die er damals hatte, ging immer in die Frauenmoschee, er hat sie zum wahren Glauben bekehrt, sie ging nur noch verschleiert auf die Straße und durfte mir nicht die Hand geben und erklärte mir das so, dass Gott es nicht gern hat, weil ich ja nicht ihr Mann bin. War gar nicht mein Typ diese Frau, aber sehr nett. Als Ali einmal für längere Zeit nach Kuweit zu seiner Familie fuhr, ging es heiß her zwischen den Heiligenbildern in seinem Wohnzimmer, ständig traf ich junge Leute im Treppenhaus, dröhnte Musik, waren die Aschentonnen voller leerer Flaschen … auch wenn wir uns in den letzten Jahren kaum noch sahen, habe ich selten so einen freundlichen Menschen getroffen, und auch in der Moschee war ich als Christ immer willkommen und wurde nach den Predigten (von denen ich kein Wort verstand natürlich, da auf Arabisch gehalten, der Sprache Gottes, manchmal meinst du dann Sachen zu hören wie »Bin Laden!« oder »Dschihadkommtnach-Europa!«, aber ich glaube, diese schiitische Gemeinde war kein Schlupfloch für Hardliner, die Schiiten haben mit dem wahabitischen Bin Laden & Co. sowieso wenig am Hut, mit dem Imam habe ich ein paar Mal gesprochen und starke arabische Zigaretten geraucht, die waren nicht rund, sonder oval) zum Essen eingeladen, auf dem Fußboden, auf einer großen Plastikplane aßen wir, und die größte Freundlichkeit war es, seinem Nebenmann ungefragt etwas Fleisch und Reis auf den Teller zu schieben, das wurde mit einer angedeuteten Verbeugung und gefalteten Händen lächelnd bedankt. Und deshalb klingele ich auch nicht bei ihm, um nach einem Schraubenzieher zu fragen, ich weiß, dass er früh aus dem Haus muss, um zu arbeiten.

Und das war's auch schon an Möglichkeiten, die ich habe. Die Wohnung über mir ist leer, die Wohnung neben Ali ist auch unbewohnt zur Zeit, der Typ ist im Knast, weiß nicht, wie lange noch. Ist eine Art Unglückswohnung, würde ich sagen, denn der Typ, der da vorher drin wohnte, ist auch im Knast. Es muss vor zwei, drei Jahren gewesen sein, als ihn die Bullen abholten. Ein Türke, der eine ältere Dame in Leipzig geheiratet hat wegen der Aufenthaltsgenehmigung, Geld hat's wohl auch gekostet. Ich habe die Briefe vom Gericht und vom Scheidungsanwalt mit großem Interesse gelesen, als sein Briefkasten überquoll, nach dem er eingefahren war. Ich weiß nicht genau, wegen was sie ihn drankriegten. Vielleicht was mit Drogen ich habe ihn ein paar Mal auf der Eisenbahnstraße flanieren sehen, verdächtig langsam, das ist seit vielen Jahren schon ein Umschlagplatz. Er hat auch viel getrunken, obwohl er mir, als ich mal auf einen Tee in seiner Wohnung war, sagte, dass er die übermäßige Trinkerei der Deutschen nicht verstehe, »Ab und an ein kleines Bier, o.k., aber Schnaps, so viel Schnaps, da werden die Leute böse.« Ein paar Wochen später nur dröhnte der Streit, den er mit seiner Freundin hatte, durchs ganze Haus. Wurde immer lauter und schlimmer, die Frau kreischte und schrie wie am Spieß, er fluchte, schimpfte, ab und an krachte was, jetzt geht das gute Geschirr zu Bruch, dachte ich, dachte auch daran, hochzugehen und zu schlichten, hatte aber genug eigenen Kram zu tun. Bis dann, auf dem Höhepunkt des Lärms, ein Schatten an meinem Hochparterre-Fenster zur

Straße vorbeiflog, von oben kommend, nicht genau zu erkennen, und mit einem dumpfen Knall irgendwo neben dem Haus aufschlug. Das war's, dachte ich, er oder sie. Und traute mich kaum, auf die Straße zu gehen, in Erwartung eines zertrümmerten Körpers. War aber nur ein Tisch bzw. die Reste eines Tisches. Ein Couchtisch mit Fliesenoberfläche, die Fliesenteile lagen wie Granatsplitter mehrere Meter im Umkreis der Detonation. Ein Mann auf der anderen Straßenseite schaute mit offenem Mund zu mir rüber, *volle Punktzahl, der Kandidat hat den richtigen Fußweg gewählt!*

Bin ich dann doch hochgegangen. Ein aufgeklapptes Messer hinter meinem Rücken. Wer weiß, mit was der öffnet … Er trug nur eine Unterhose und stank übel nach Schnaps, und als ich ihm sagte »Dir ist da eben was aus dem Fenster gefallen«, versprach er mir schwankend und lallend, sofort alles wegzumachen. Die Frau war nicht zu sehen.

Ich arbeite schwitzend an meiner Tür. Der Hund schläft auf dem Abtreter unterm Sicherungskasten. Mit einer Hand stemme ich den Schaufelstiel zwischen die Flügel und hebele sie auseinander, so weit es geht, mit der anderen Hand treibe ich mein neues spitzes Werkzeug in den Korken. Lack splittert vom Holz, kleine Stücke brechen bereits aus dem Korken raus. Ich habe einen lockeren Halterungshaken von der Regenrinne im Hof gezogen, mein Unterhemd ist schmutzig und mit Rost verschmiert, aber der Korken bröselt, die Blockade bricht, 3 Uhr 17, die Tür öffnet sich polternd, der Hund wacht auf.

II

Draußen vor der Tür, auf meinem Hof, direkt neben dem alten Kirschbaum, ist ein kleines Grabmal aus roten Ziegelsteinen. Dort liegt mein Hund Piet. Ich habe ihn verbrennen lassen und die Urne dort begraben. Er ist über vierzehn Jahre alt geworden. Am 19. Oktober in den Abendstunden hielt der Arzt sein Herz an. Die Tage zuvor hatte er nur noch wenig gegessen, und auch seine letzte Mahlzeit beroch er nur, und aß dann ein paar kleine Happen, als würde er etwas ahnen.

Der Arzt spritzte ihm erst ein Narkosemittel, nicht zu stark, damit er ganz langsam anfängt wegzudämmern. Und dann saß ich noch eine Weile neben ihm, die Hundedecken hatte ich frisch gewaschen, damit er sauber und weich stirbt, der Arzt fragte, und ich bejahte, und dann nahm er eine andere Spritze, mit langer, dünner Nadel, befühlte seine Rippen, suchte das Herz, und injizierte direkt dort hinein. Ich lege meine Hand auf seine Schnauze, damit er mich riechen kann. Kurz bäumt er sich auf, öffnet den Mund, ich lege mein Hand hinein, will, dass er mich wittert in seinen letzten Sekunden. Und er wird ruhig, ich kann den Moment spüren, seine Zähne berühren meine Haut. Er ist weg.